LES COLLECTIONS

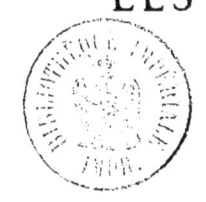

CÉLÈBRES

D'OEUVRES D'ART

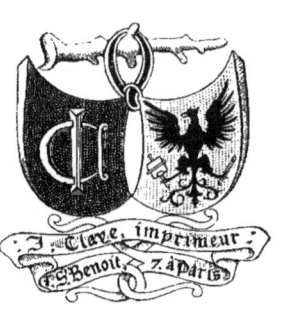

J. Clave, imprimeur
G. Benoit, 7, à Paris

LES COLLECTIONS

CÉLÈBRES

D'ŒUVRES D'ART

DESSINÉES ET GRAVÉES D'APRÈS LES ORIGINAUX

PAR

ÉDOUARD LIÈVRE

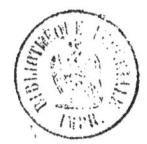

TEXTES HISTORIQUES ET DESCRIPTIFS PAR MM.

F. DE SAULCY, membre de l'Académie des Inscriptions et Belles-Lettres, sénateur.

ADRIEN DE LONGPÉRIER, membre de l'Institut, conservateur des antiques et de la sculpture moderne des Musées impériaux.

A. W. FRANKS, directeur de la Société des Antiquaires de Londres.

Cte MELCHIOR DE VOGÜÉ, membre de la Société des Antiquaires de France.

A. SAUZAY, conservateur adjoint du Musée des Souverains et des objets d'art du moyen âge et de la Renaissance.

RIOCREUX, conservateur du Musée céramique de la manufacture impériale de Sèvres.

Cte CLÉMENT DE RIS, attaché à la conservation des Musées impériaux.

ÉDOUARD DE BEAUMONT.

PAUL MANTZ, rédacteur à la *Gazette des Beaux-Arts*.

A. JACQUEMART, rédacteur à la *Gazette des Beaux-Arts*.

ERNEST CHESNEAU, rédacteur au Musée impérial du Louvre.

E. DU SOMMERARD, directeur du Musée des Thermes et de l'hôtel de Cluny.

O. PENGUILLY-L'HARIDON, officier supérieur d'artillerie, directeur du Musée d'artillerie.

HENRY COLE, C. B., général superintendant at South Kensington Museum.

BARBET DE JOUY, conservateur du Musée des Souverains et des objets d'art du moyen âge et de la Renaissance.

Bon J. DE WITTE, membre de l'Institut.

ADALBERT DE BEAUMONT.

AMBROISE FIRMIN DIDOT.

ALFRED DARCEL, attaché à la conservation du Musée des Souverains et des objets d'art du moyen âge et de la Renaissance, membre du Comité archéologique.

ÉDOUARD FOURNIER.

A. TAINTURIER, archéologue.

PH. BURTY, rédacteur à la *Gazette des Beaux-Arts*.

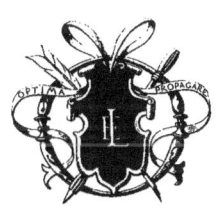

PARIS

GOUPIL & Cie. ÉDITEURS

LONDRES — BERLIN — LA HAYE — BRUXELLES — NEW-YORK

M DCCC LXVI

1866

A

Son Altesse Impériale

MADAME

LA PRINCESSE MATHILDE

LETTRE

A Monsieur le Comte de NIEUWERKERKE

Sénateur, Surintendant des Beaux-Arts.

MONSIEUR LE COMTE,

La haute bienveillance avec laquelle vous avez accepté la dédicace de ma publication sur le MUSÉE SAUVAGEOT; — la rare obligeance que vous avez mise à m'ouvrir pour un second travail non-seulement les vitrines du Louvre, mais encore votre collection personnelle; — d'autres témoignages que vous avez bien voulu me donner encore de votre constante sollicitude pour les arts & pour les artistes; — toutes ces considérations me font un devoir de reconnaissance de vous exposer le plan & l'objet de ma nouvelle publication : LES COLLECTIONS CÉLÈBRES.

L'idée des COLLECTIONS CÉLÈBRES est née de l'accueil si favorable que le public des amateurs a réservé à la COLLECTION SAUVAGEOT. J'ai cru qu'une faveur au moins égale s'attacherait à un recueil où seraient reproduites & groupées les plus belles pièces dont s'honorent, à si juste titre, les cabinets formés avec passion par tant d'hommes de goût qui consacrent une partie de leur fortune aux nobles & délicates jouissances de la possession artistique.

Avant même qu'on eût réuni dans les salles du Palais des Champs-Élysées ces riches séries d'objets d'art dont l'exposition datera, si heureusement pour le monde artiste, l'année 1865, bien des collections particulières m'avaient livré leurs trésors, grâce à l'inépuisable & généreuse complaisance des possesseurs. Le Musée Rétrospectif m'a mis à même de compléter ces choix par des choix non moins précieux parmi les objets appartenant aux amateurs parisiens.

Cependant, quelque abondante qu'elle ait été, je ne pouvais me tenir satisfait de cette première moisson, limitée à la seule ville de Paris. S'il y avait un intérêt réel à retrouver dans un livre spécial les objets déjà vus au Louvre, à Cluny, au Musée d'Artillerie & au Musée Rétrospectif, n'y aurait-il pas un intérêt bien plus puissant encore, un vif attrait d'érudition & de curiosité à comparer ces mêmes objets à d'autres œuvres rares empruntées aux galeries publiques & privées, aux trésors des églises & des villes de la France, de l'Angleterre, de l'Allemagne, de l'Italie, de l'Espagne, etc.? A cette question j'ai dû répondre affirmativement, & je n'ai reculé devant aucun sacrifice pour mener à bonne fin la tâche que je me suis imposée.

C'est ainsi qu'il m'a paru important que la reproduction & la description historique & esthétique d'œuvres d'art si remarquables fussent dignes de leur mérite, de leur beauté, de leur célébrité. En conséquence, & pour arriver à ce résultat, j'ai sollicité & obtenu le concours d'une élite d'hommes spéciaux en pareille matière.

Après ce rapide exposé des intentions que j'ai voulu réaliser en publiant les COLLECTIONS CÉLÈBRES, *il ne me reste plus qu'à soumettre l'œuvre elle-même à l'appréciation délicate, au triple jugement du Surintendant des Beaux-Arts, de l'Artiste & de l'Amateur.*

Veuillez agréer, Monsieur le Comte, l'hommage de ma profonde gratitude & de mon respectueux dévouement.

ÉDOUARD LIÈVRE.

Paris, Janvier 1866.

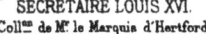

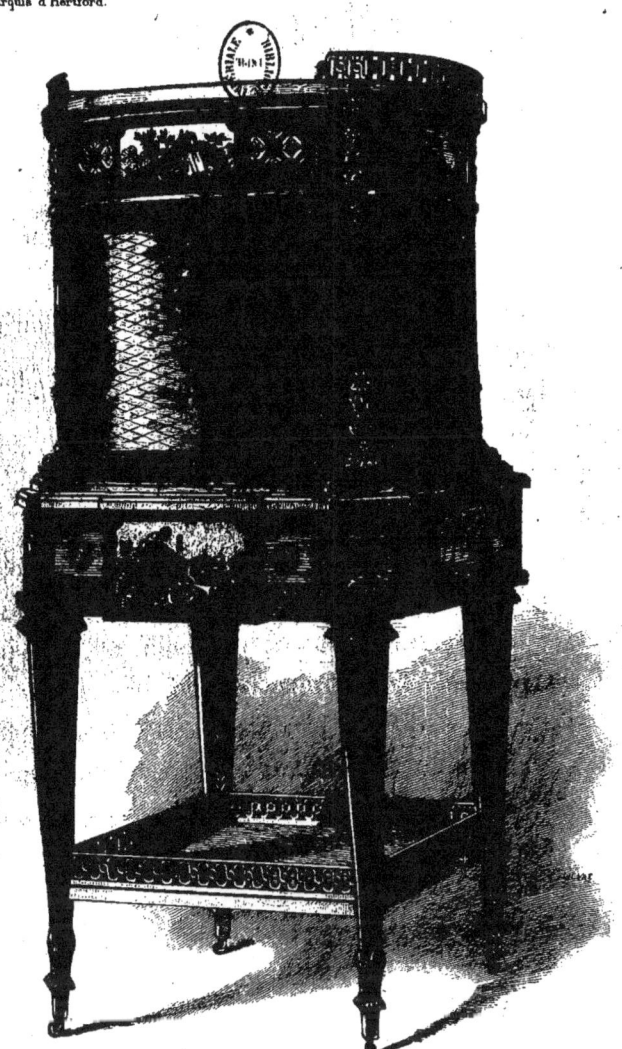

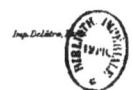

Imp. Delâtre, Paris.

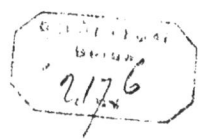

SECRÉTAIRE

LOUIS XVI

Hauteur de l'original........... 1ᵐ,18
Largeur..................... 0ᵐ,60

(Collection de M. le marquis d'Hertford.)

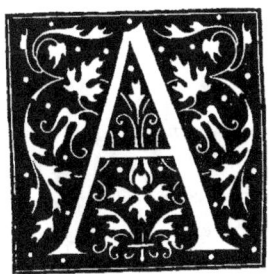u milieu du XVIIIᵉ siècle, le mobilier français touche à la perfection. Par la proportion des ensembles & le goût de l'ornementation, par l'appropriation & le confortable, par les soins apportés à la fabrication, il répond à toutes les exigences du goût, de l'intimité & du métier.

A cet instant de l'histoire de France, l'esprit français — si étrangement souple qu'on dirait un de ces roseaux qu'aucun souffle ne peut rompre — l'esprit français est rentré en pleine possession de soi-même. Dégagé des liens apportés de l'Italie à la suite des campagnes de François Iᵉʳ, il plane & s'affirme sur la surface de l'Europe par la philosophie, la politique, la littérature, les sciences, les arts, le costume & la politesse. C'est au XVIIIᵉ siècle seulement que depuis la Renaissance, dans l'architecture, dans la peinture — la sculpture avait précédé de beaucoup d'années ce mouvement, — on osa de nouveau & l'on sut « faire français. »

C'était le temps où les meubles et les bijoux parlaient, & l'on sait si seul le Sopha de Crébillon s'est montré indiscret! Nous ne solliciterons pas des meubles du XVIIIᵉ siècle, dont les *Collections célèbres* nous confieront le portrait, d'aussi intimes confidences; mais nous demanderons toujours au lecteur de passer en revue ses propres souvenirs & d'évoquer les ombres charmantes, galantes & spirituelles des favorites & des reines, des peintres & des abbés, des ciseleurs & des philosophes, à qui l'on doit Sèvres & Trianon, l'*Encyclopédie* & ..... une foule d'autres choses.

Que nous reste-t-il de tout ce mobilier aimable? Quelques chefs-d'œuvre dispersés dans les cabinets & les salons d'amateurs bien connus, & surtout dans cette collection de M. le marquis d'Hertford, qui est un véritable musée. En 1832, non loin de la place de la Bastille, toutes les semaines, un marchand de bric-à-brac allumait dans sa cour un immense foyer avec le bois délicieusement sculpté des fauteuils & des canapés, des consoles & des tables, pour en recueillir les cendres gorgées d'or !

PH. BURTY.

DESCRIPTION

ı. meuble que M. le marquis d'Hertford a bien voulu nous laisser choisir parmi ses trésors, pour inaugurer les *Collections célèbres*, est un secrétaire de la proportion la plus harmonieuse. Disons, puisqu'on ne peut le voir ici que fermé, que le devant du meuble s'abat & forme un pupitre mobile couvert de maroquin vert; l'intérieur est en bois d'amarante avec filets de citronnier; il y a trois petits tiroirs & sept casiers. Ni l'artiste qui l'a dessiné, ni le fabricant qui l'a exécuté ne l'ont signé; on peut cependant l'attribuer avec vraisemblance à Riésener. Il frappe particulièrement par le ton général, qui est fin & soutenu. Les losanges qui se distinguent sur les panneaux sont de couleur marron & finement polis. Les montants qui les séparent sont en bois coloré en vert, & comme irisé & nacré. Les bronzes sont très-fermes, & les angles ainsi que les moulures ont des profils qui sont nets sans être coupants. On remarquera ce joli détail de ces deux branches de fleurs qui pendent & qui passent, sans se froisser, sous le cercle de cuivre qui renforce le haut du meuble. Le dessus est en marbre blanc. Les cartouches, renfermant des trophées en marqueterie aussi achevée qu'une peinture, représentent les attributs des Arts, ceux de la Guerre, à droite ceux de la Musique, & à gauche ceux des Sciences, de l'Automne & du Printemps, allégories transparentes qui disent si bien tout ce que ce meuble d'un siècle facile & aimable, instruit & poli, a dû contenir de confidences tendres & sérieuses!

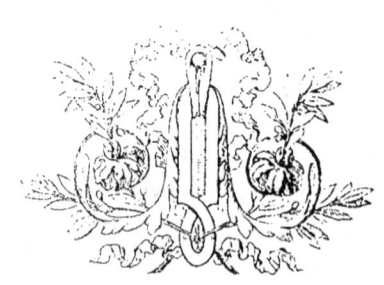

Coll^{on} de Mme la Baronne St de Rothschild.

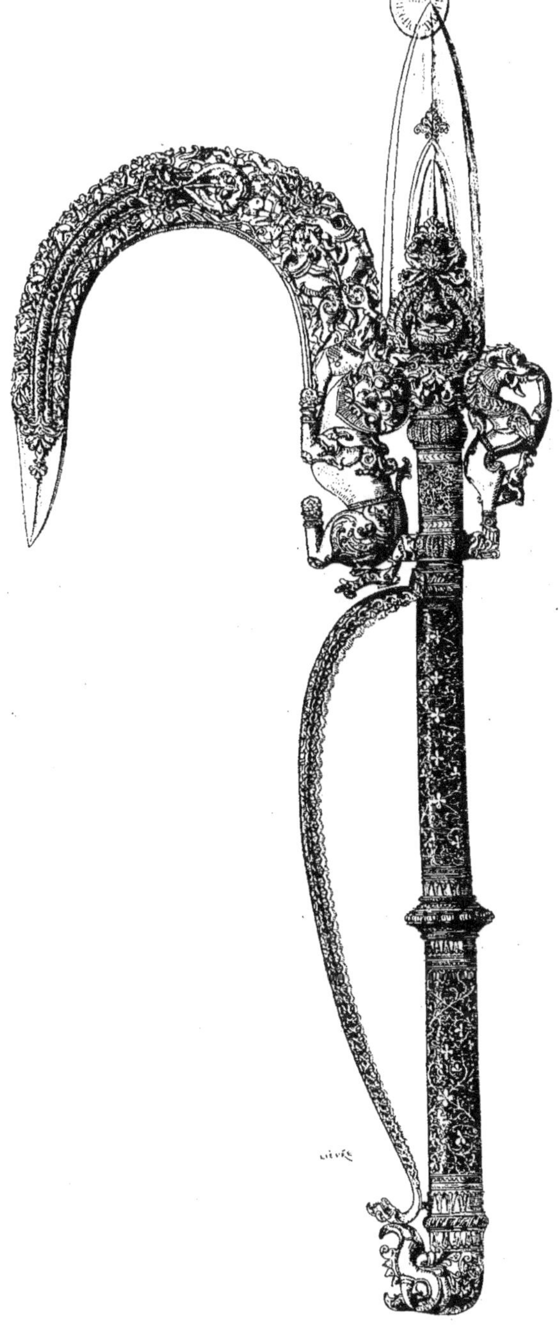

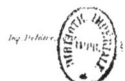

CROC DE CORNAC

FER CISELÉ ET DAMASQUINÉ. — TRAVAIL INDIEN

Longueur de l'original, o^m,o68

(Collection de Mme la baronne Salomon de Rothschild)

ORSQU'ON examine les travaux d'art des peuples orientaux, une première chose vous frappe : c'est la profonde indifférence pour le temps dépensé, & l'espèce de défi jeté à la matière.

Voici une arme formidable terminée par une lance à deux tranchants, courbée, d'un côté, en un redoutable crochet aigu & coupant comme une serpe, & pouvant, de l'autre, servir de hache; eh bien, tout cela, pris dans une même masse de métal, a été creusé, refouillé, percé, comme un bijou d'orfévrerie. L'esprit demeure confondu en supputant ce qu'il a fallu d'années de travail, d'ingénieuses ressources, &, disons-le, de talent réel pour obtenir un instrument qui, chez nous, serait sorti de la forge d'un taillandier.

Mais l'œuvre est évidemment indienne, c'est-à-dire d'une contrée où la puissance, même dans son état actuel d'abaissement, s'entoure d'un luxe inouï; elle ne pouvait être destinée qu'au conducteur de l'éléphant d'un radjah, peut-être même au cornac de l'un de ces éléphants blancs, objet de respect & de culte dans tout l'Indoustan, où l'on se plaît à les parer de colliers & de perles, dans la conviction qu'ils ont pour rôle, dans la transmigration des âmes, de recevoir l'esprit des grands monarques.

Le croc que nous avons sous les yeux ne serait pas indigne du conducteur d'un éléphant sacré; pourtant nous estimons que, par les figures qu'il porte, on peut le croire destiné à diriger les manœuvres de la monture de guerre d'un souverain. En effet, deux figures principales occupent le centre de l'arme & montrent l'effigie de *Cârtikeia*, le dieu des armées célestes, le *Mars* de la religion des Pourânas.

Comme style, cette œuvre reproduit toutes les élégances de l'art oriental, ses ogives, ses rinceaux, ses perles sans nombre, & les animaux singuliers d'une théogonie qui doit avoir une liaison étroite avec celle des anciens Normands, & qui nous mène, par ses symboles, aux premières conceptions byzantines & carlovingiennes. Comme travail, rien n'est plus parfait; le fer est ciselé & poli dans ses plus petits détails, avec un fini sans égal; on ne comprend pas quels outils ont pu atteindre le métal dans des replis inaccessibles, modeler des perles qu'on croirait faites au tour, & multiplier les détails de statuettes microscopiques.

ALBERT JACQUEMART.

DESCRIPTION

RME à trois divisions partant d'une douille commune, ajourée d'un réseau de cercles entre-croisés, & couronnée, à ses deux bouts, de tores à feuilles d'acanthe. Sur le tore supérieur, un masque de tigre s'appuie contre une base qui porte le paon sur lequel est accroupi Cârtikeia, le dieu de la guerre; deux chimères supportent l'ogive fleurie servant de nimbe au dieu, & qui est terminée par un fleuron épanoui; ces détails, presque en ronde bosse, se détachent en grande partie des trois arêtes d'évidement d'une lame droite à deux tranchants qui forme l'axe de la pièce.

Un tigre fantastique, chargé lui-même d'autres animaux, s'adosse à la douille & forme le point de départ du croc, à la base duquel se voient un petit éléphant & deux chimères : un homme monstrueux, qui les surmonte, porte sur la tête un fleuron, d'où part une ligne de perles, ciselée dans l'arête du croissant. Des deux côtés, des rinceaux à jour, semés d'animaux & d'oiseaux, évident la lame, dont le tranchant inférieur est seul aiguisé.

De l'autre côté de la douille, en pendant au tigre, se dresse une chimère dont la tête est terminée par une sorte de trompe recourbée en bas, & qui mord le tranchant de la hache.

Le manche, en fer noir, est richement damasquiné de rinceaux & d'arabesques d'or; il est coupé, vers le milieu de sa longueur, par une élégante bague à jour. Enfin, une garde, sculptée de fins ornements ajourés, part du haut de la douille & vient s'attacher, au bas du manche, sous une tête d'animal fantastique, à la gueule béante armée d'énormes dents.

Cette tête se retrouve sur beaucoup d'armes indiennes, & doit être symbolique.

PLAT PERSAN.
Coll.on de M.r le Baron de Schwiter.

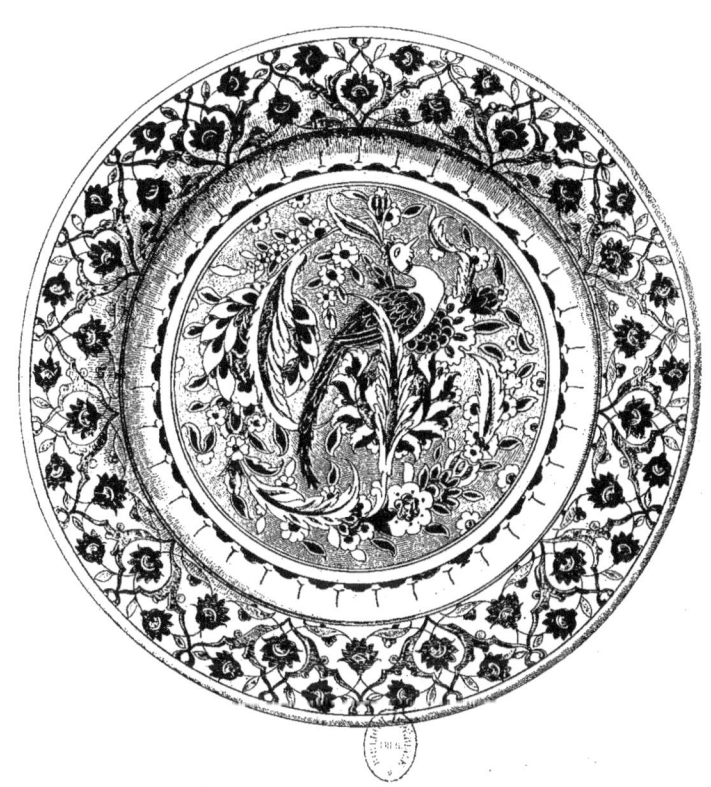

Imp. Delâtre, Paris.

PLAT PERSAN

Hauteur de l'original, 0^m,475

(Collection de M. le baron de Schwiter).

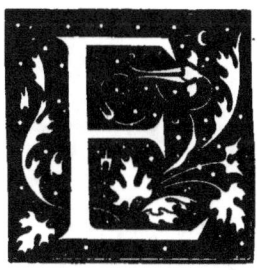

N Asie Mineure, nous ne craignons pas de le dire, l'art de fabriquer la faïence était arrivé au degré suprême. Nulle part en Perse, cette terre classique des faïences depuis l'époque biblique, on ne trouve de plaques aussi riches de couleurs que dans le revêtement des Turbèh de Soliman le Magnifique & de Méhémet Schéleby, Méhémet l'Élégant.

Cette supériorité de détail ne saurait du reste être attribuée qu'aux productions du sol asiatique, car ce sont toujours des artistes persans qui exécutèrent & dirigèrent en Turquie, aussi bien que dans l'Inde, ce genre de décoration. A la grande époque de la splendeur ottomane, les sultans firent venir de Tébritz, de Véramin & d'Isphahan, des peintres, des calligraphes & des potiers, pour fonder les fabriques célèbres de Brousse & de Nicée. Ils trouvèrent sur les lieux & employèrent avec leur goût parfait de la couleur & de la forme, cette belle terre rouge teinte par le fer, qui, sous une glaçure puissante, atteint presque à l'éclat du vermillon. Cette terre, sans doute, est rare en Perse, car le peu de rouge qu'on trouve dans les faïences de ce pays, est donné par l'or ou par l'étain & a le ton du carmin, au lieu d'avoir celui plus franc du corail.

ADALBERT DE BEAUMONT.

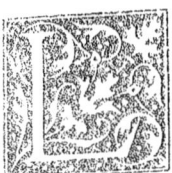

A coupe ou plat profond, dont nous donnons ici le dessin, est un des beaux spécimens de cette fabrication asiatique. L'artiste remarquera avec quel art les quatre couleurs mères qui la décorent sont disposées, afin de rester dans toute leur franchise & de produire tout leur effet. Le blanc pur qui les sépare, ramène toujours, indépendants l'un de l'autre, ces tons de la turquoise, du lapis, du corail & de l'émeraude. L'arabesque fleurie contraste sans cesse avec l'arabesque mathématique, & l'œil, satisfait par la variété, reposé par la symétrie, réjoui en un mot par le charme de la forme & par celui de la couleur, n'éprouve jamais de fatigue ni d'ennui. C'est la loi du beau pittoresque dans toute sa puissance.

A. DE B.

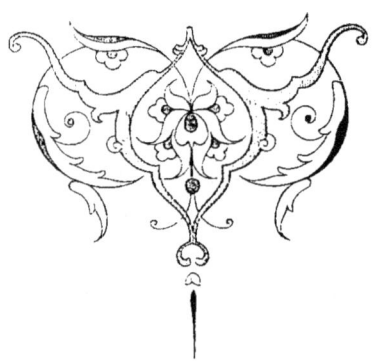

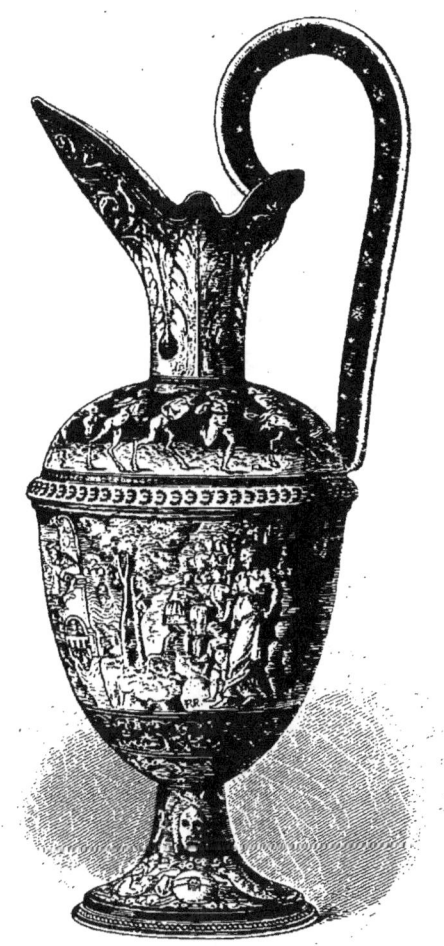

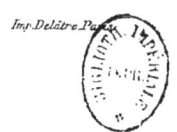

Imp. Delâtre Paris.

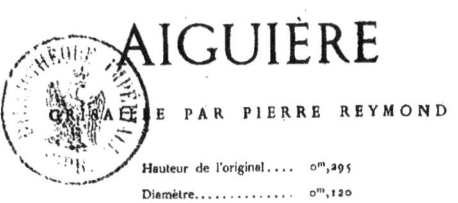

AIGUIÈRE

E PAR PIERRE REYMOND

Hauteur de l'original.... 0ᵐ,295
Diamètre............... 0ᵐ,120

(Musée Impérial du Louvre. — Donation Sauvageot.)

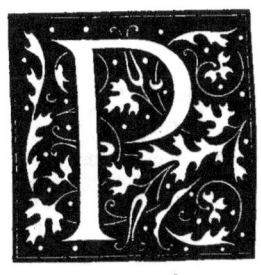

IERRE REYMOND, l'auteur de l'Aiguière que nous allons décrire, fut, pendant sa longue carrière, l'un des plus féconds émailleurs de Limoges. Les premiers de ses travaux qui portent une date sont de l'année 1534, & les derniers de 1584. On peut juger de ce qu'il dut produire pendant cet intervalle de cinquante années, en voyant tout ce que les collections possèdent de ses œuvres.

C'est à la fabrication de la vaisselle émaillée qu'il semble s'être surtout livré, quoique l'on connaisse de lui, cependant, bon nombre de triptyques & de plaques à sujets religieux. Il trouvait encore le temps d'enluminer les livres de comptes des diverses confréries de Limoges & de fournir aux fabriques des églises les modèles des pièces d'orfévrerie ou de bronze qu'elles avaient à faire exécuter.

Il s'en faut que tant de travaux accomplis pendant une si longue suite d'années aient tous la même valeur. Quand on n'y reconnaîtrait point les tristes défaillances de l'âge, on se trouverait encore en présence de produits d'atelier, œuvres collectives d'un aspect un peu dur & froid, qui ne valent pas les belles pièces que Pierre Reymond a pris soin de signer.

Il ne faut point demander quelle conception philosophique a présidé à la composition de ses œuvres. Pourvu qu'il couvre ses pièces d'un sujet plaisant à l'œil, dont les personnages sont convenablement distribués par rapport à la forme du vase, il se tient pour satisfait. Et, en cela, il est bien de son époque & un artiste de la renaissance. Le sacré & le profane lui sont indifférents, & parfois il les confond dans une même œuvre, imitant ici & là, prenant son bien un peu partout, & sachant lui donner une physionomie individuelle, grâce à la sûreté de sa main.

ALFRED DARCEL.

DESCRIPTION

 OUVENT, avons-nous dit, Pierre Reymond mêlait le sacré & le profane. L'Aiguière qui nous occupe en est une preuve.

Les nécessités de la fabrication de la pièce en cuivre qui sert d'excipient à l'émail, & qui est ici composée de deux parties ovoïdes agrafées par la base, forçaient les marteleurs à faire saillir un bourrelet autour de l'épaulement de leurs aiguières, d'un profil si élégant d'ailleurs. Ce filet saillant sépare en deux zones la surface à décorer.

Sur la zone supérieure de l'Aiguière donnée par Ch. Sauvageot au musée du Louvre, Pierre Reymond a fait courir une ronde de satyres & de bacchants qui précèdent ou qui suivent Silène monté sur son âne & soutenu par un satyre. Sur la zone inférieure, le passage de la mer Rouge est représenté.

Les Israélites sont à l'abri sur la rive, en avant de laquelle la vague se dresse, engloutissant l'armée de Pharaon, encore assis sur son char que précède un cavalier porte-étendard. Un bouquet d'arbres, placé sous l'anse, sépare les deux extrémités de la frise. Le monogramme P. R. est tracé en noir sur le terrain, en arrière du char de Pharaon.

Le goulot, à ouverture échancrée, est orné à sa base de grandes feuilles entablées, au-dessous d'arabesques d'or.

Sur le pied, quatre masques sont suspendus au-dessus d'une frise formée de deux groupes de satyres accostés à un gros vase d'où débordent des raisins, & couchés en avant d'une guirlande de fruits. Ornement d'un grand style & qui, comme toute l'œuvre, appartient au bon temps de la renaissance.

Grisaille, à chairs saumonées du côté de l'ombre ; fruits des guirlandes émaillés de rouge, rehauts & ornements d'or ; fond noir, contre-émail noir semé de petites roses d'or.

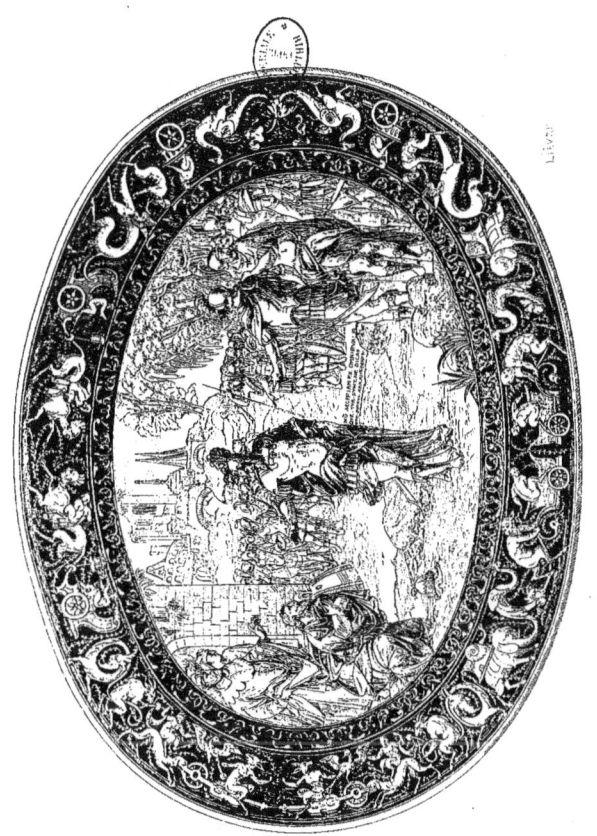

Imp. Schuler, Paris.

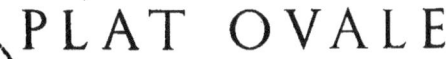

PLAT OVALE

GRISAILLE PAR PIERRE REYMOND

Hauteur de l'original.... 0^m,380

Longueur............. 0^m,500

(Musée Impérial du Louvre. — Donation Sauvageot.)

ALGRÉ les atteintes de l'âge, Pierre Reymond continua de diriger son atelier sans vouloir s'arrêter à temps. Sa main appesantie ne traça plus avec la même fermeté le dessin des grisailles qu'un contour si net & si fier arrêtait dans son beau temps. Le plat suivant, qui fit partie de la collection Sauvageot, ne le prouve que trop.

C'est que la grisaille, telle que l'exécutaient les émailleurs limousins, demandait une main sûre d'elle-même, enlevant du premier coup & sans repentirs, les contours des hommes & des choses qu'il s'agissait de représenter. De là vient aussi que la main s'habituait vite à dessiner de pratique.

Sur la feuille de cuivre qu'il fallait décorer, une première couche d'émail, généralement noir, mais bleu parfois, était couchée & fixée au feu. Puis une seconde couche d'émail blanc était répandue, assez mince pour laisser transparaître le fond & sembler grise. Sur cette couche séchée, l'émailleur traçait le sujet avec une pointe qui, enlevant l'émail blanc partout où elle passait, dessinait en noir celui-ci. Parfois les ombres principales étaient massées par des hachures, dont Pierre Reymond abusa trop, car il fit souvent ressembler ses grisailles à des gravures. Les fonds & tout ce qui devait rester noir étaient essuyés, puis l'émail, ainsi préparé, passait une seconde fois au feu.

C'est sur cette préparation que l'émail blanc était déposé, du côté des lumières, en couches d'autant plus épaisses que la place devait être plus éclairée. Ces couches étaient fixées par des cuissons successives qui en formaient un ensemble nageant sous le verre qui avait servi de fondant. Quelques glacis de bistre saumoné dans les carnations, du côté de l'ombre, & de légers rehauts d'or achevaient l'œuvre.

ALFRED DARCEL.

DESCRIPTION

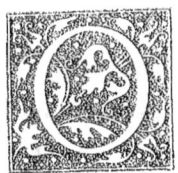

ORNÉ, sur le bord, de quatre motifs différents de grotesques, d'un dessin très-compliqué, & probablement empruntés à l'œuvre d'Étienne de Laulne, & sur le marly d'arabesques d'or, ce plat représente Abraham refusant les présents du roi de Sodome. Le sujet est expliqué par ce passage du chapitre IV de la Genèse, tracé sur le terrain & que nous traduisons du latin : « Je n'accepterai rien des biens qui t'appartiennent, afin que tu ne dises point : J'ai enrichi Abraham. » Le monogramme P. R. est tracé en noir, également sur le terrain, entre le premier & le second guerrier à droite.

Au revers, trop peu important pour le reproduire, Hercule, vêtu de la peau d'un lion, les jambes écartées, appuyé sur sa massue, se tient debout au milieu d'un cartouche formé de lanières combinées avec des feuillages, des vases, des oiseaux, des monstres cynocéphales, agencés avec un pavillon : composition dans le goût d'Étienne de Laulne.

Sous le marly, un dessin courant d'arabesques d'or.

Sous le bord, de grands enroulements composés d'une tête donnant naissance à des rinceaux feuillagés, affrontés deux à deux, & répétés huit fois.

Grisaille à carnations entièrement saumonées, rehauts & ornements d'or, fond noir.

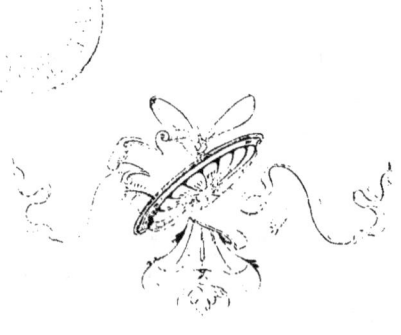

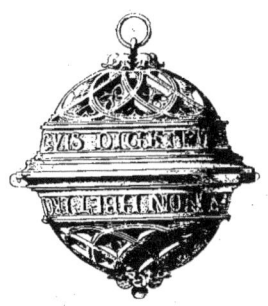

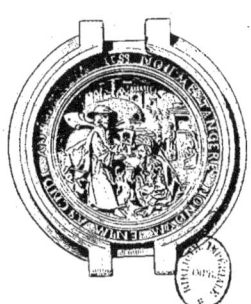

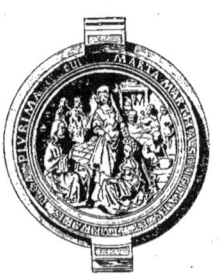

Imp. Becquet Frères.

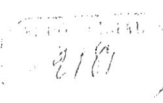

GRAIN DE CHAPELET

TRAVAIL ALLEMAND DU XV ᵉ SIÈCLE

Diamètres, oᵐ,042 et oᵐ,050

(Collection de M. le comte de Nieuwerkerke.)

NGÉNIEUX & fertile en inventions capricieuses, l'art au moment de la Renaissance ne laissait échapper aucune occasion de se manifester; il s'imposait avec son goût de décorations si charmantes aux objets que leur destination eût paru condamner à la plus austère simplicité. La société du xv ᵉ siècle était tellement éprise des choses d'art, qu'elle exigeait que les objets de piété eux-mêmes revêtissent des formes délicates, en harmonie avec la somptuosité décorative de tout ce qui touchait au mobilier.

Le bijou que nous reproduisons ici est un de ces gros grains en bois sculpté par lequel se terminaient les chapelets. Ils se terminaient souvent aussi par une croix sculptée à jour sur les quatre faces, dans le genre de celle qui figure dans les vitrines du Musée de la Renaissance au Louvre sous le n° B. 268. La même collection contient un de ces gros grains accompagné de quelques-uns des grains plus petits dont se composait le chapelet. Les croix étaient généralement employées comme reliquaires; on plaçait la relique précieuse à l'intérieur des branches disposées à cet effet. Le gros grain s'ouvrait à charnière & offrait à la pieuse curiosité du possesseur une représentation délicate d'épisodes empruntés aux livres saints.

ERNEST CHESNEAU.

DESCRIPTION

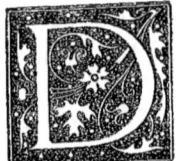EUX calottes hémisphériques réunies par un cercle plein en saillie composent le grain entier. Chacune de ces calottes est formée de huit arcs de cercle entrecoupés en ogive & remplis dans leurs parties évidées par des trèfles à quatre feuilles. Cette petite bulle est couronnée à chacun de ses pôles, pour ainsi dire, d'un ornement à cinq lobes d'argent reliés par un bouton central. A l'un de ces boutons s'attache l'anneau qui rejoignait le premier des petits grains. Le cercle en saillie dont nous avons parlé est séparé des ogives découpées à jour par deux légendes circulaires affrontées & ainsi conçues : *Quis dicet purum est cor meum* & *Omnia dat dominus non h(a)bet ergo.*

A l'intérieur deux nouvelles légendes encadrent les sujets représentés. Autour de l'un on lit : *Noli me tangere nondum enim asc(e)ndi ad patrem.*

Ce sont les paroles que Jésus sous la figure du jardinier adresse à Marie-Madeleine prosternée à ses pieds. Il est coiffé d'un large chapeau & porte une bêche sur l'épaule gauche. Madeleine agenouillée tient un vase de parfums, & d'un vaste turban oriental s'échappent ses longs cheveux, dont les masses abondantes flottant sur ses épaules descendent jusque sur sa poitrine. Au second plan un ange montre aux saintes Femmes la porte béante du sépulcre. Dans le fond on distingue le Calvaire; la funèbre silhouette des trois croix domine les hautes tours de Jérusalem. Un cortége de figures à peine perceptibles s'échelonne dans la direction du gibet sacré repassant par les nombreuses étapes de la vóie douloureuse.

L'autre sujet représente la scène où Jésus étant entré chez Marthe, celle-ci se plaint de ce que sa sœur Marie assise aux pieds du Sauveur & attentive à ses paroles la laisse seule occupée du soin de le servir. Et Jésus lui répond par ces mots écrits en légende autour du sujet : *Martha, Martha, sollicita es & turbaris erga plurima.* La figure de Marthe est un chef-d'œuvre de grâce, de finesse & d'élégance. Marie Madeleine est représentée dans le costume oriental que nous avons décrit tout à l'heure. Dans le fond les apôtres s'occupent des préparatifs d'un repas. On distingue une crémaillère, le soufflet, une marmite & autres ustensiles de cuisine. La légende dont nous avons rétabli le texte est écrite ainsi : *Marta martha solicita es & turraris erga plurima* [*lucem*] (1). Ce dernier mot est étranger au texte de l'évangile selon saint Marc, d'où cet épisode est tiré. On distingue à la suite du mot *lucem* des caractères difficiles à déchiffrer, où nous croyons lire la date 1570. Le caractère du travail & les costumes des petits personnages révèlent une origine allemande; nous inclinons fortement à attribuer ce bijou à la patrie du bois sculpté, Nuremberg.

E. C.

---

(1) Voici la traduction des quatre inscriptions dans l'ordre où nous les avons données : 1° *Qui osera dire :* « *Mon cœur est pur?* » — 2° *Le Seigneur donne tout ce qu'il possède, il ne lui reste donc rien.* — 3° *Ne me touche point; car je ne suis pas encore monté vers mon Père.* — 4° *Marthe, Marthe, tu es inquiète & tu t'embarrasses de plusieurs choses.* Ces deux dernières citations sont tirées des Évangiles, l'une de saint Jean, chap. xx; la seconde de saint Luc, chap. x. Où nous avons lu le mot *lucem*, il ne faut probablement voir que le mot *Luc*, suivi d'une indication confuse du chapitre & du verset.

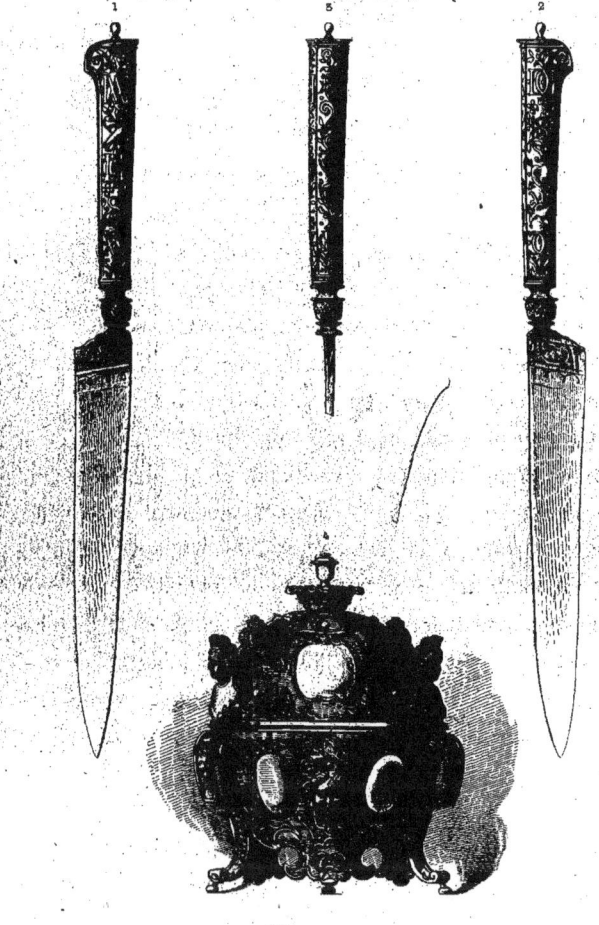

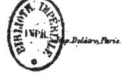

COUTEAUX

TRAVAIL FRANÇAIS DU COMMENCEMENT DU XVIIe SIÈCLE

Longueur des originaux... o^m,150
Largeur............... o^m,014

(*Collection de M. Le Carpentier*)

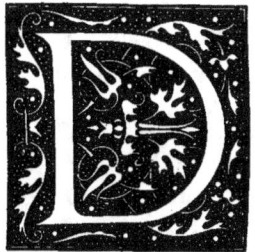

AMASQUINÉES or, les deux lames d'acier sont enchâssées dans des manches en argent repoussé, sur lesquels se trouve inscrite leur provenance princière (1). En effet, chacune des lettres enlacées représente, deux fois répétées, les initiales des noms des principaux membres de la famille de Gaspard de Coligny. Dans le double M, nous trouvons Marguerite d'Ailly, sa mère; dans le *phi* grec, celui de François de Coligny, son père; dans le double A, celui de Anne de Polignac, sa femme; dans les deux C adossés, placés dans un H, celui de Henri de Coligny, son frère aîné, &, enfin, dans les deux C accolés, Coligny–Châtillon, double nom que portait Gaspard de Coligny, troisième du nom.

Le sens des lettres initiales étant donné, il ne nous reste plus qu'à expliquer celui des S fermés qui les accompagnent; car, malgré son peu d'importance apparente, cette lettre, si souvent représentée sur les objets usuels des XVIe & XVIIe siècles, offre un intérêt assez grand pour que nous fassions connaître, non-seulement son origine, mais son véritable sens.

Tenant à doter Henri IV d'un *mot* dont certes il n'est pas coupable, M. Vatout (2), & après lui M. E. Fournier (3), ont avancé que les S fermés étaient un chiffre mystique inventé par ce roi, & faisant allusion à Gabrielle d'Estrées (S trait). Ce *mot*, qui a été suivi de tant d'autres

---

(1) Les deux couteaux étant identiquement semblables, les n°s 1 et 2 représentent le manche de chacun d'eux, sous ses deux faces. Le n° 3 figure le dos.

(2) *Château de Fontainebleau*, page 203.

(3) *Moniteur universel* du 10 janvier 1856, page 39.

mots plus ou moins heureux, mis dans la bouche des rois, soit de leur vivant, à leur grand étonnement sans doute, soit après leur mort, devait prendre, & prit, en effet, une consistance historique qui dura jusqu'au jour où un savant moins fantaisiste (1) vint tout à coup, quatre chiffres à la main, détruire ce rébus qu'Henri IV n'a jamais commis.

« En 1565, *neuf ans avant la naissance de Gabrielle d'Estrées*, Jeanne « d'Albret & son fils Henri, alors âgé de douze ans, plaçaient l'S barré « sur les jetons (2) qu'ils faisaient frapper comme souverains de la « Navarre... Le même signe se trouve encore répété sur d'autres jetons « frappés sous Catherine de Bourbon, sœur de Henri IV. »

L'antériorité du *mot* aussi incontestablement établie, le même auteur, non content d'avoir exonéré la mémoire du Béarnais, aborde la question du sens énigmatique de l'S fermé, et nous apprend que, dans la langue du XVIe siècle, le mot *Fermesse*, synonyme de nos substantifs *fidélité, constance, fermeté*, se plaçait, représenté par le signe abréviatif (ferme S), soit en tête des lettres missives, soit au-dessus de la signature. Le sens de ce monogramme n'avait donc pas d'autre signification que celle des mots employés de nos jours : *tout à vous pour la vie.*

CASSOLETTE

Hauteur de l'original... 0^m,070
Largeur............ 0^m,050

E forme triangulaire sphérique, cette cassolette, en ivoire teinté brun & sculpté en relief, se compose de deux parties reliées par une charnière en argent adaptée à la partie la moins large du triangle. Les trois anses, contournées & prises dans la masse, sont terminées par une petite volute en argent. Les ovales, les plaques en forme d'écussons échancrés, placés de chaque côté des têtes de femmes (celles du bas en bas-relief, & celles du haut en ronde bosse), ainsi que les draperies qui couvrent la poitrine de chacune d'elles, sont en argent.

A. SAUZAY.

(1) M. A. de Longpérier, *Revue numismatique*, nouvelle série; 1856, tome I, page 268; 1857, tome II, page 177.

(2) Ces jetons font partie du Cabinet des Médailles de la Bibliothèque Impériale.

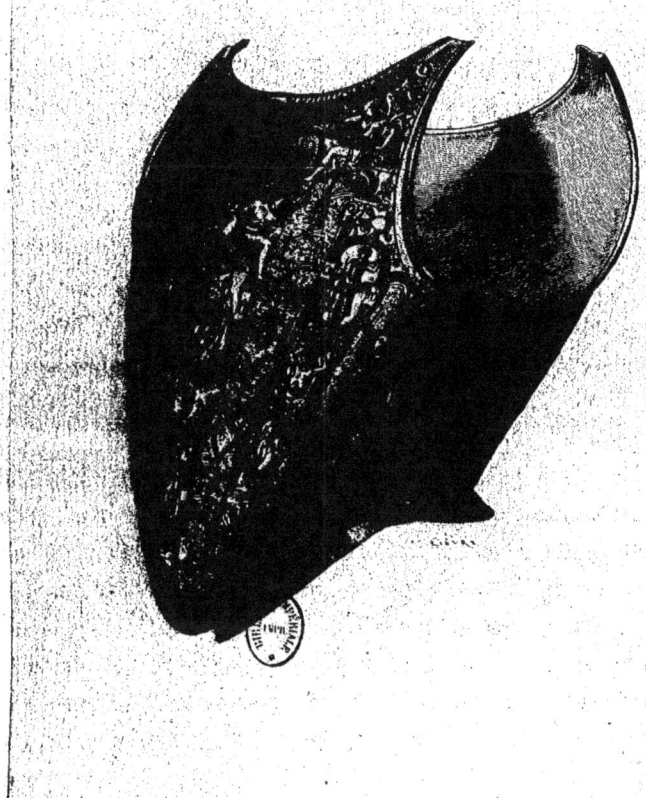

Imp. Delâtre, Paris

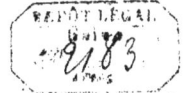

CORSELET

FER REPOUSSÉ, CISELÉ ET DAMASQUINÉ D'OR

OEUVRE ITALIENNE, FIN DU XVIᵉ SIÈCLE

Hauteur.............. 0ᵐ,43

Largeur.............. 0ᵐ,33

(Collection de Mᵐᵉ la baronne Salomon de Rothschild)

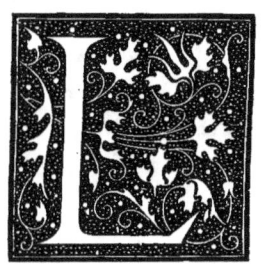

E Corselet, en italien *corsaletto*, se portait parfois, vers la fin du XVIᵉ siècle, sans aucune addition de tassettes ni d'épaulières, avec le costume de drap ou de soie, le chapeau, le morion ou la segrette.

Milan, célèbre depuis le XIVᵉ siècle par la trempe exquise de ses armes & de ses *placarts* d'armures, est cité par Brantôme comme ayant, sous le règne de Charles IX & de Henri III, fourni les corselets les mieux gravés & les plus élégants de forme aux hommes de pied « *tant de M. de Strozze que de Brissac.* » Ce genre de cuirasse légère eut la plus grande vogue à la cour de France. « On y approuvoit fort, dit le vieux chroniqueur des dames galantes, les *corcelets* gravés de Milan & ne trouvoit point que nos armuriers parvinssent à la mesme perfection, non plus qu'aux morions. »

M. de Strozze, ajoute-t-il, « venant à succéder en la place de Charry, il y observa une fort exacte curiosité & observation; de sorte qu'il pria, voire quasy contraignit tous ses capitaines de n'avoir plus autres armes, tant harquebuses, fourniments, que *corcelets de Milan*. Et, pour ce, moyenna de faire venir à Paris un fort honneste & riche marchand, nommé le seigneur Negrot, & s'y tenir, qu'en moins d'un rien en fit venir beaucoup sur la parolle de M. de Strozze, & qu'il les luy feroit enlever : si bien que ledict Negrot, prenant goust à ce premier profit, il en continua l'espace de quinze ou seize années le trafic, qu'il s'y est rendu riche de cinquante mille escus, voire davantage (1). "

Il ressort de ces détails que les plus beaux corselets italiens, de fabrication postérieure à 1570, peuvent être considérés comme étant presque exclusivement les œuvres des armuriers de Milan.

EDOUARD DE BEAUMONT.

DESCRIPTION

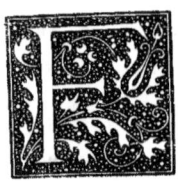 EN repoussé, travail italien : la pièce de dos est enrichie, de même que le devant, de bandes relevées de figurines & de médaillons ciselés très-finement sur leur saillie & damasquinés d'or. Le style, d'époque un peu basse, des motifs d'ornementation, la forme légèrement busquée du plastron, l'exagération de sa partie bossuée, qui se prolonge en pointe sur le ventre plus bas que la taille, enfin l'étroitesse très-marquée du diamètre de ceinture, tout dénote, dans l'ensemble & les détails de ce corselet, le caractère distinctif des modes du dernier Valois.

E. DE B

(1) Vie de M. de Strozze, Brantôme, des couronnels françois.

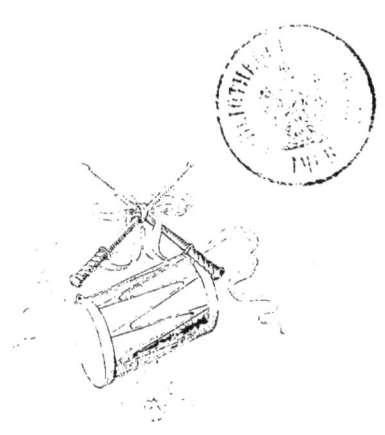

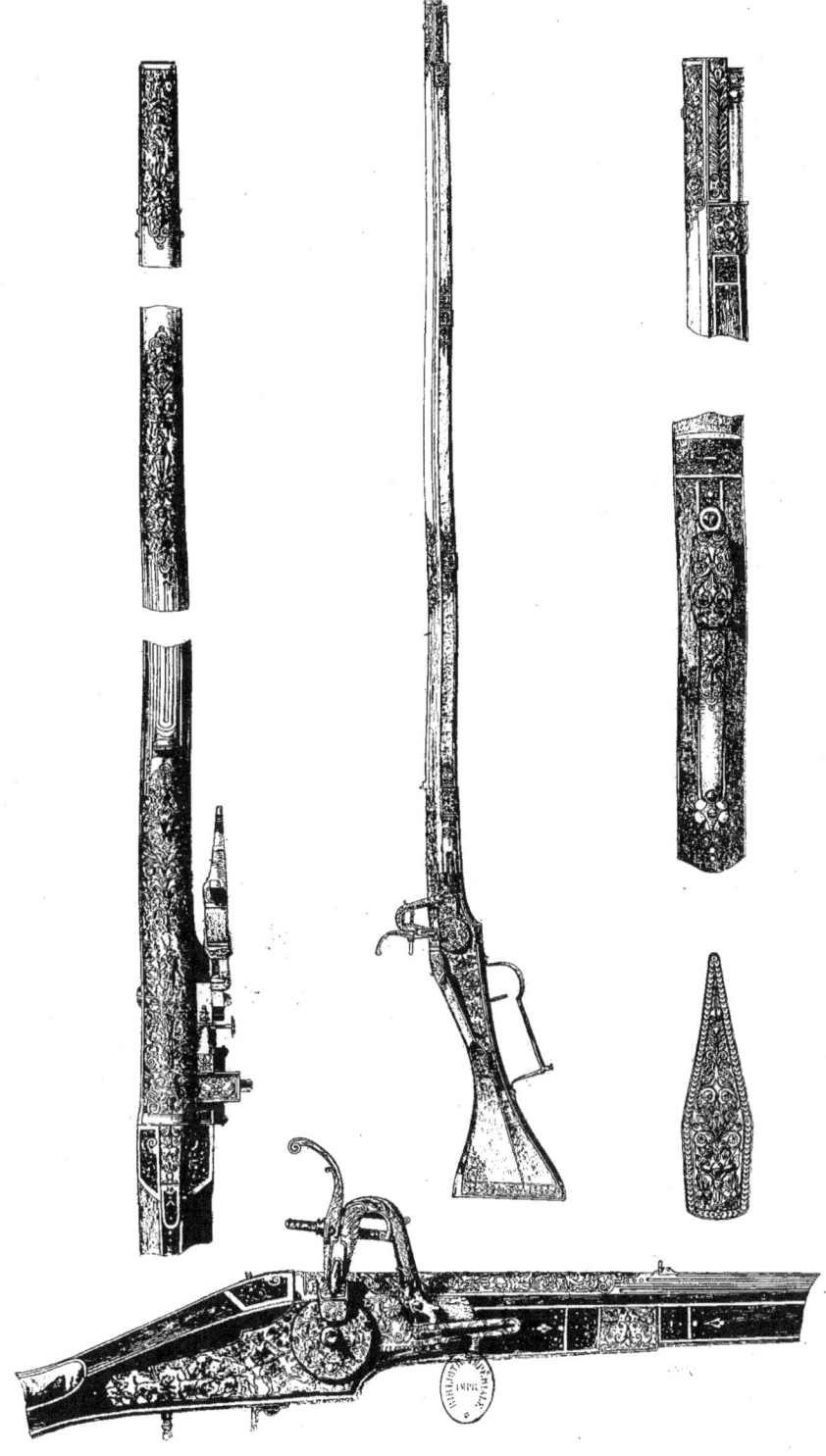

CARABINE

Hauteur totale : 1[m],70

(*Collection de M. le comte de Nieuwerkerke.*)

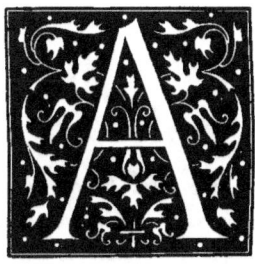

VANT de décrire cette admirable carabine, nous citerons quelques documents concernant l'origine de ce genre d'arme à feu (1).

Les Allemands, a écrit Tavannes, « sont inventeurs des arquebuses, » & il ajoute que les Français de son temps « les mettent à leur perfection, & les battent en fin de leur mesme invention (2). »

Quoi qu'il en soit de cette assertion, l'arquebuse est nommée pour la première fois en France dans un texte datant de 1474 (3), l'ayant été déjà à l'étranger dans un mémoire écrit par Giorgio Martini vers 1470.

L'arquebuserie au xve siècle fit peu de progrès; ce ne fut guère qu'après 1560 qu'elle atteignit sa plus grande perfection, comme arme de bataille ou de luxe.

Les Espagnols (4) et les Italiens, le Milanais *maistre* Gaspard entre autres (5), en fabriquèrent de très-estimées, selon l'opinion généralement accréditée au xvie siècle.

De 1565 à 1630, l'arquebuse ou carabine de chasse fut à l'apogée de sa vogue. Charles IX, raconte Brantôme, se plaisait à en forger des

---

(1) A dater de 1615, environ, le genre d'arme à feu, appelé jusqu'alors arquebuse, se désigna fréquemment par le nom de carabine

(2) Mémoires.

(3) Estat de la Maison de Charles le Hardy par Olivier de la Marche.

(4) Charles-Quint fit venir à Madrid y fonder une arquebuserie, deux fameux maîtres, Simon Marcuarte et Pedro Maese.

(5) « Qui a esté estimé le meilleur forgeur de canons, et maistre qui jamais sera. » Brantôme, vie de M. de Strozze (*Des couronnels français*).

canons, & Louis XIII, encore enfant, avait dans le Louvre, au dire de M. de Marillac, une collection de ces armes (ses favorites); il nommait l'une d'elles la grosse Vitry (1).

Celle que nous essayerons de décrire, et qui fait partie de l'important cabinet d'armes de M. le comte de Nieuwerkerke, est certainement une des plus richement décorées que le XVIIe siècle ait jamais dû produire; sa date de fabrication, comme le prouve le rouet qu'elle porte, est antérieure à 1630, époque où les premières platines à silex de percussion commencèrent à remplacer le mécanisme à roue de l'ancien système.

ÉDOUARD DE BEAUMONT.

DESCRIPTION

 UR sa platine à rouet, dont le porte-silex découpé forme une tête d'oiseau chimérique, est représenté, en relief à contour champ-levé, un chasseur attaquant un ours avec des chiens. Ces figures, ainsi que leur accessoire de paysage, s'enlèvent, par leur ton d'acier couleur d'eau, sur un fond piqué au ciselet & doré. La plaque circulaire qui recouvre la noix du rouet est, de même que son bassinet, s'associant au travail de la platine, ornée de trophées, de fruits & d'animaux.

Son canon, des plus magnifiquement décorés, porte ciselés, en ferme saillie, sur trois points de sa longueur & s'y détachant d'un fond doré, par leur coloration bleuâtre, trois motifs d'ornementation superposés & séparés entre eux par un espace uni & bleu. Près de la culasse, puis plus haut, & dominant la partie inférieure finement cannelée, enfin, vers l'extrémité, alentour du point de mire, sont successivement représentés, entourés de divers ornements, Actéon avec deux chiens, Diane tenant un cornet de chasse, & Bacchus ayant des fruits à ses côtés. Chacune de ces figures mythologiques est encadrée par des rinceaux que compliquent des mascarons & des oiseaux.

Quatre capucines placées à écartement régulier retiennent la baguette garnie de fer doré à son sommet; elles sont ciselées dans le même style que les autres détails de la monture, & colorées de même.

Le bois de cette splendide carabine est, sur les points principaux de son ensemble, enrichi de fines incrustations d'ivoire; elles dessinent sur les plats de la crosse, dans de minces filets qui les y encadrent, de charmants motifs d'entrelacs. — La partie qui se pose à terre pour charger est garnie d'un sabot d'acier ciselé de mascarons, d'oiseaux & d'une grande palmette en relief bleu sur fond d'or.

Cette arme précieuse porte en monogramme les lettres H B accolées.

E. DE B.

(1) Mémoires de Richelieu. — Relation anonyme attribuée au garde des sceaux Michel de Marillac. — Assassinat du maréchal d'Ancre, 24 avril 1617.

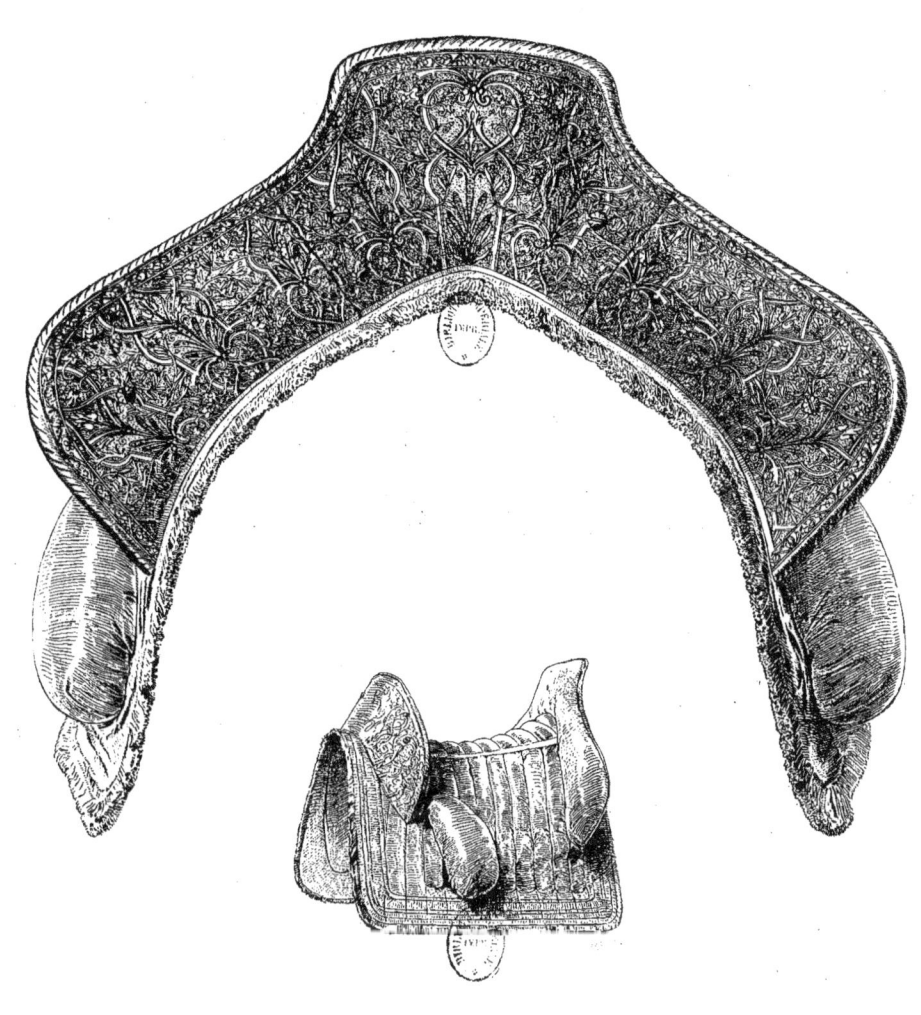

Imp. Wiltevr, Paris.

SELLE D'ARMES

DU XVIᵉ SIÈCLE

Hauteur de l'original.......... 0ᵐ,18

Largeur..................... 0ᵐ,46

(Collection de S. M. L'EMPEREUR)

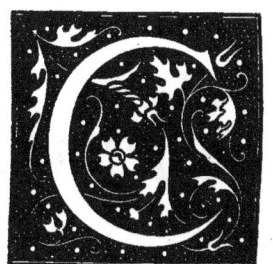

ETTE belle pièce, de la seconde moitié du XVIᵉ siècle, italienne, & d'une ornementation remarquable, offre un beau spécimen de la selle d'armes du cheval de guerre aux dernières époques de l'armure complète de l'homme d'armes.

On distinguait, dans la nomenclature de la selle d'armes, les *battes* (c'est sa partie antérieure, celle qui est donnée dans la planche ci–jointe), le *troussequin* (sa partie postérieure), le *loup* (le siége en velours piqué); les panneaux & leurs coussins pareillement en velours.

L'équitation de cette époque différait de celle qui est actuellement en usage. Le cavalier se tenait droit sur ses étriers, la pointe du pied plus élevée que le talon, & dans la direction des oreilles du cheval. Il ne devait pas être *assis* sur sa selle, mais rester *droit* comme s'il était sur ses pieds (1), &c.

L'ancienne équitation militaire, &, en particulier, le maniement de la lance à cheval exigeaient de la part de l'homme d'armes un exercice continuel. Commines raconte que lors de la bataille de Montlhéry (1465), les hommes d'armes bourguignons, qui étaient longtemps restés

---

..... (1) Advisez-vous de quelle sorte il est dans le fond de la selle, sans presque toucher que le milieu, se gardant de rencontrer l'arçon de derrière de peur d'être *assis,* car il faut être droit comme vous le voyez, de même que *quand il est sur ses pieds,* &c.

Pluvenel, *le Manége royal,* 1ʳᵉ partie, p. 18. Édit. MDCLX.

en paix & avaient négligé leurs exercices, auraient pu à peine, sur douze cents hommes d'armes qu'ils étaient, en fournir cinquante qui eussent *sçu coucher une lance en arrêt* (1).

P. PENGUILLY L'HARIDON.

DESCRIPTION

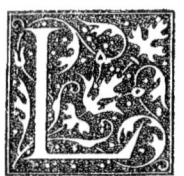 ES battes & le troussequin sont bordés d'un filet ciselé en torsade & autrefois doré. L'ornementation, gravée à la pointe, présente une suite d'enroulements & de lacs qui reproduisent comme motif principal la forme du cœur.

Ces enroulements, autrefois dorés, se détachent nettement sur un fond de palmes & de rinceaux à feuillages d'un travail extrêmement fin. L'ensemble de cette belle décoration présente un caractère qui rappelle celui des ornements arabes dans leurs vases de métal.

Cette selle d'armes est, comme nous l'avons dit, de quelque artiste milanais de la seconde moitié du XVIᵉ siècle. Elle fait partie du cabinet de S. M. l'Empereur Napoléon III, & provient de la collection du prince Soltikoff.

P. P. L'H.

(1) Commines, *Mémoires*, chap. iv, p. 21. Édit. 1843.

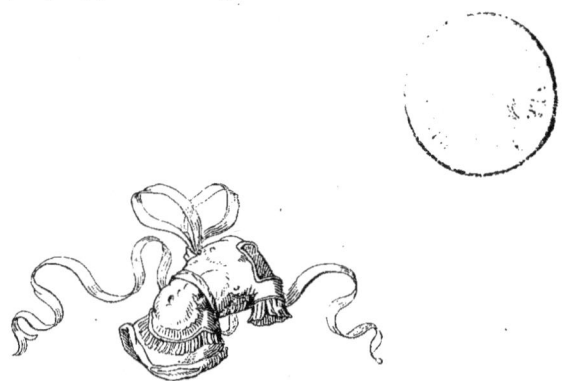

BIJOUX DE LA RENAISSANCE.
Coll^on de Mme la Baronne J. de Rothschild.

PL. II.

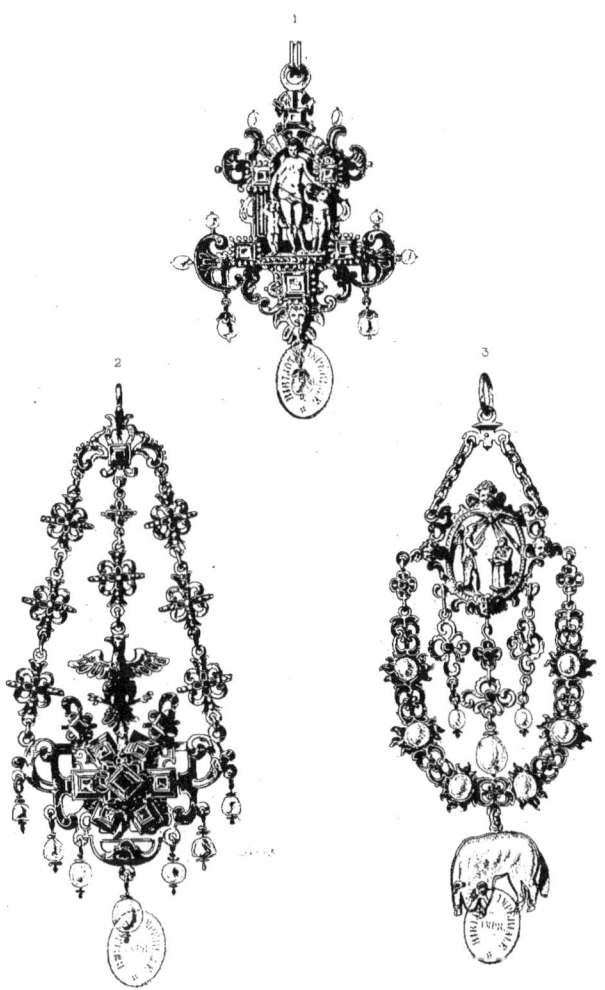

Imp. Delâtre, Paris.

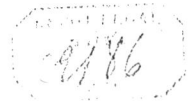

BIJOUX

DE LA RENAISSANCE

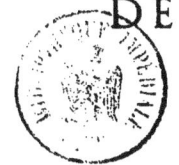

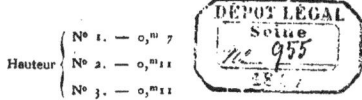

Hauteur {
  N° 1. — 0,ᵐ 7
  N° 2. — 0,ᵐ11
  N° 3. — 0,ᵐ11
}

(Collection de Mᵐᵉ la baronne James de Rothschild)

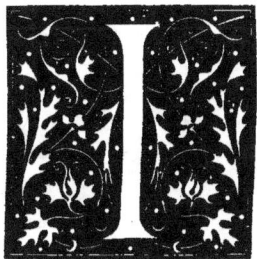

L nous reste si peu de bijoux du seizième siècle, qu'on doit s'estimer heureux de rencontrer à Paris, dans la brillante collection de Mᵐᵉ la baronne James de Rothschild, un choix exquis de ces joyaux de la Renaissance, où l'art italien a fait paraître de si élégants caprices, où l'art français a mis tant de goût & tant d'esprit.

Au milieu des trésors qui enrichissent les vitrines de l'hôtel de la rue Laffitte, figure une réunion véritablement merveilleuse de ces somptueux joyaux que les femmes attachaient à leur corsage & que les anciens inventaires désignent sous le nom de *pendants* & parfois aussi sous celui d'*enseignes*. Le prix des matières qui les constituent, la valeur des perles & des pierreries qui les décorent ne sont presque rien à côté de la délicatesse & de l'élégance avec lesquelles ils ont été façonnés par des mains habiles & malheureusement inconnues : l'art est en effet plus précieux que l'or & le diamant. Ces bijoux sont aussi admirables par le dessin que par la coloration : aux tons variés que présentent le métal & les pierreries, l'artiste du seizième siècle ajoutait les diverses nuances de l'émail & il combinait harmonieusement ces richesses d'après les lois de la plus savante polychromie. De là des joyaux charmants & splendides qui brillaient comme des fleurs vivantes sur les robes de drap d'or frisé ou de velours incarnadin, & qui, même après trois siècles, semblent avoir conservé quelque chose de la grâce des femmes qui les portaient.

PAUL MANTZ.

DESCRIPTION

N° 1.

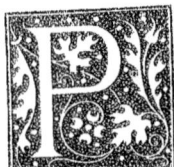ENDANT en or émaillé, enrichi de diamants & de perles fines. Au centre est un groupe composé de Vénus & de deux amours, dont l'un présente à la déesse une pomme émaillée de rouge. Les chairs sont d'un émail blanc légèrement rosé; les cheveux sont d'or, ainsi que la ceinture qui s'enroule autour du corps de Vénus. Ce groupe se détache en relief sur un portique dont l'arc est en or émaillé de bleu, & que supportent des colonnes formées de diamants en tables. Au-dessous du diamant carré qui sert de base au petit édicule, sourit une tête de chérubin aux ailes émaillées de rouge, de blanc & de bleu pâle. Trois perles pendantes complètent ce bijou. Le revers figure le côté opposé du monument, au moyen d'une ornementation délicate où l'or joue avec l'émail vert, bleu, rouge & blanc. — Travail français dans le style du règne de Henri II.

N° 2.

PENDANT en or émaillé, enrichi de perles fines, d'émail & de pierreries. Ce bijou est composé de trois chaînes d'or avec ornements ajourés & émaillés de blanc, de rouge & de quelques filets noirs. La chaîne centrale soutient un aigle dont les ailes éployées sont d'émail rouge & bleu; le corps est noir, les serres sont d'or. Au-dessous un rubis enchâssé dans une monture carrée forme le centre d'une sorte d'étoile composée de six diamants en tables également enfermés dans une sertissure rectangulaire. Cette décoration, d'un très-haut relief, s'applique sur un ornement d'or découpé à jour & émaillé de blanc. Sept perles pendent au bas du bijou. — Travail du seizième siècle.

N° 3.

PENDANT en or émaillé, enrichi de perles fines. La partie supérieure du bijou, que supporte une double chaîne d'or, est formée d'un médaillon ajouré qu'entourent les têtes ailées de quatre chérubins & qui représente la Vierge, agenouillée devant un prie-Dieu, & recevant, en présence du Saint-Esprit, la visite & les salutations du messager céleste. Les figurines de la Vierge & de l'ange sont revêtues d'émail bleu, rouge, vert & blanc. Trois ornements d'or ciselé & émaillé sont suspendus au médaillon & supportent chacun une perle fine. Ce bijou, d'un dessin élégant & léger, se complète par une guirlande pendante composée de six perles serties dans un entrelacs d'or découpé & émaillé de rouge & de bleu. A cette guirlande est attachée la moitié d'une perle baroque figurant un mouton, comme celui que supporte le collier de la Toison d'or. — Travail de la seconde partie du seizième siècle.

P. M.

CONSOLE, PENDULE, VASES.
XVIII.ᵉ SIECLE.
Coll.ᵉⁿ de M.ᵉ L. Double.

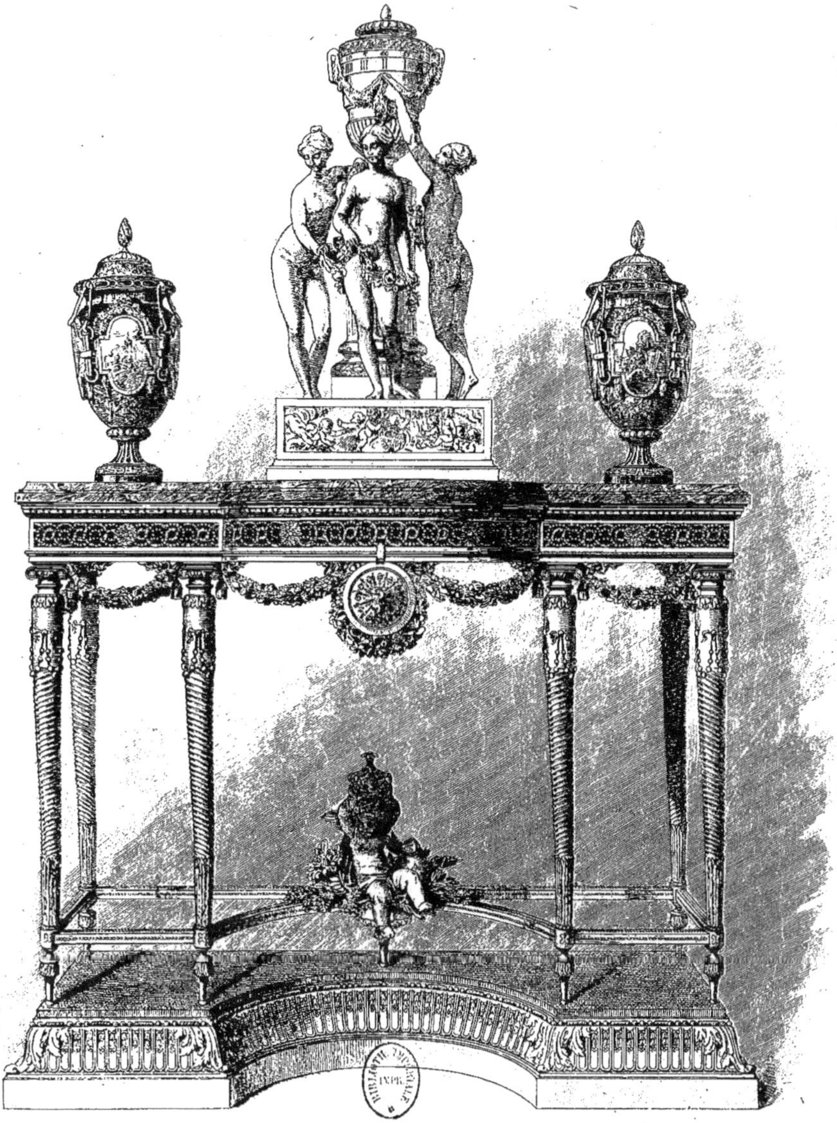

PL. 12.

Imp. Delâtre, Paris.

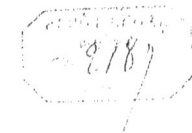

CONSOLE

PENDULE ET VASES

XVIIIe SIÈCLE

Hauteur : console, 1^m,00 ; pendule, 0^m,80 ; vases, 0^m,45
Largeur : — 1^m,20 ; — 0^m,36 ; — 0^m,20

(*Collection de M. Léopold Double*)

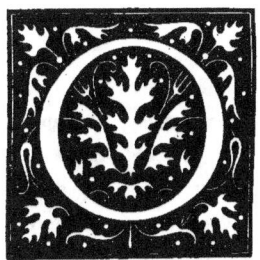

OUBLIÉ, dédaigné, moqué sans mesure & sans goût depuis la réaction pseudo-classique de la fin du règne de Louis XVI, le mobilier du XVIIIe siècle a reconquis de nos jours des amis éclairés & enthousiastes. Mais si les rares objets de choix que les amateurs peuvent recueillir aujourd'hui forment comme les paragraphes d'un des chapitres les plus aimables de notre histoire, il manquera toujours au livre plus d'un de ses feuillets.

La collection réunie par M. Léopold Double dans son hôtel de la rue Louis-le-Grand n'est point seulement des plus riches, elle est encore des plus intéressantes par les souvenirs qu'elle réveille. Presque chacune des pièces magnifiques ou charmantes qui la composent a une origine historique, & l'esprit conspire avec les yeux pour vous retenir dans ces salons dont la somptuosité de bon goût sait si intelligemment se faire oublier.

Des trois objets que nous reproduisons, deux ont précisément une royale origine. Le premier est une console offerte, en 1785, à Marie-Antoinette, à l'occasion de la naissance de cet enfant qui expia si rudement les malheurs & les fautes de la monarchie.

Les vases que supporte la console avaient été commandés, à Sèvres, par Louis XV, au lendemain de cette victoire de Fontenoy (11 mai 1745) qui illustra, autant que sa galanterie, mais à un point de vue différent, le maréchal de Saxe; sous le règne de Catherine II, une famille noble les emporta en Russie. Ils n'en sont sortis que pour entrer chez M. L. Double.

La pendule est taillée dans un seul morceau de marbre blanc. Quelles heures de conversations enjouées, de discussions brillantes, de plaisir facile, ont marquées tour à tour ces Grâces, depuis le jour où le ciseau de Falconnet les a dégagées du bloc! « Cette pendule montre tout... excepté l'heure, » aurait dit un jour, en souriant, Diderot devant ce groupe. Le mot n'est-il pas joli & tout à fait digne de l'auteur de la *Religieuse?*

PH. BURTY.

DESCRIPTION

 L ne nous reste à décrire que quelques détails. Sous cette élégante console, l'Amour, assis sur une gerbe de myrthes & de lauriers, appuie la main sur un globe fleurdelisé, & les fermoirs de la couronne sont formés par des dauphins. C'est encore un dauphin qui naît — délicate allusion — d'un soleil dont les rayons alternent avec des cœurs & des myosotis. Les perles, qui s'enroulent autour des pieds du meuble, au-dessous des guirlandes de fleurettes allégoriques, rappellent les colliers & les joujoux d'un petit enfant.

Les vases sont de la plus belle dimension & d'un aspect aussi héroïque que le comporte la porcelaine. Les attributs sont de Chulot (il signait d'un monogramme simulant deux doubles croches), d'après Bachelier, & les scènes de Morin, d'après Genest. Ces compositions sont arrangées avec un entrain remarquable & très-librement peintes : dans l'une, les troupes françaises enlèvent des ouvrages défendus par l'artillerie; dans l'autre, elles culbutent l'ennemi dans les vergers qui précèdent le village de Fontenoy. Le fond des vases est rose veiné d'or & de bleu. Entre des palmes vertes, les trois écussons, autres que celui qui est peint, offrent des couronnes triomphale, murale & obsidionale.

La pendule se décrit elle-même. Le bas-relief du socle est vif comme une terre cuite. L'heure & les minutes se lisent sur les zones du double cadran qui tourne en sens horizontal.

PH. B.

POIGNARD, DAGUE, FLASQUE,
Coll.^{on} de M.^r le Comte de Nieuwerkerke.

PL. 13.

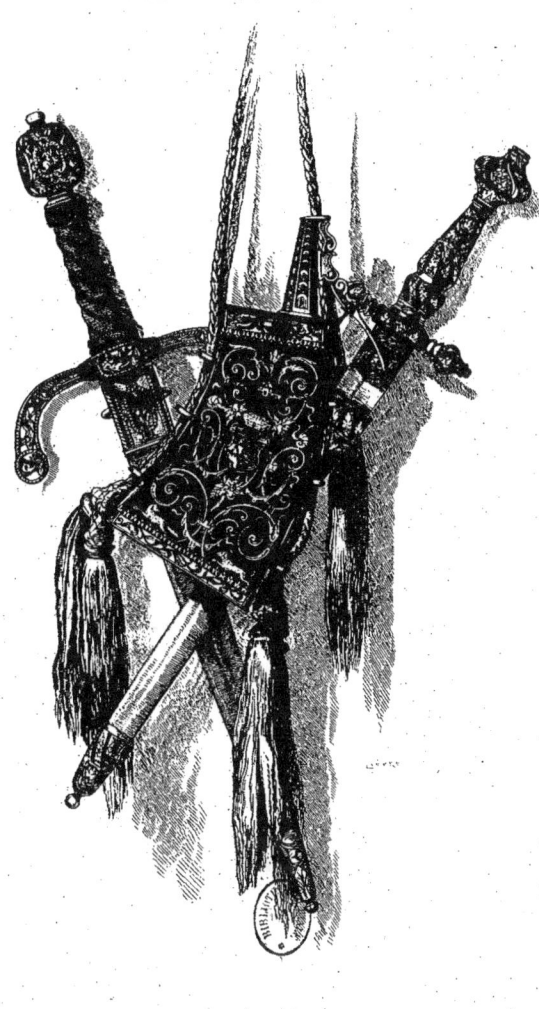

Imp. Deldaro Paris.

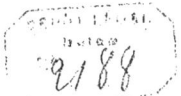

POIGNARD ET DAGUE

FLASQUE

ITALIE ET ALLEMAGNE, XVIᵉ SIÈCLE

(Collection de M. le Comte de Nieuwerkerke.)

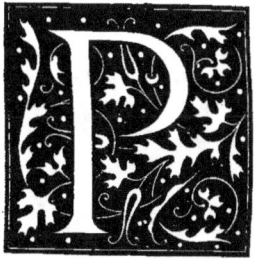

LUS ancien que l'épée, le couteau de guerre ou poignard subit successivement en Europe, depuis les hautes époques, de nombreux changements dans sa forme & ses proportions. L'antiquité, le moyen âge & les temps qui suivirent, l'appropriant à leurs mœurs distinctives, le nommèrent progressivement : pugio, clunaculum, sica, acinaces, supina, scramasaxe, hand-seax, dolch, cultellus, coustel-de-plates, coustel à croix, coustel à pointe (1),

anelace, miséricorde, poignard de Cologne, couteau à jouste, couteau de Turquie, couteau de Toulouse, couteau bayonnais (2), dague de Bordeaux, dague à rouelle, penard, coupeaureille, poignard à coquille, feuille de Catalogne, poignard sarragossais, bolonais (3), pistolese (à lame courbe) (4), &c., &c. Certaines catégories de poignards portaient, comme on le voit, le nom des villes qui les fabriquaient spécialement. Le poignard eut son escrime particulière associée à l'enseignement de la lutte. A dater de 1510 environ il seconda fréquemment l'épée dans les duels (5). Au XVIᵉ siècle on se battait au poignard seul ou, comme au temps des *Dimachœri*, les deux mains armées chacune d'un poignard (6). Quant à la dague proprement dite, sorte de long poignard ou de (semispatha), « manière de courte espée, » selon les glossaires de Nicot & de Roquefort, elle servait également dans les duels, à parer, tenue la pointe en l'air, les coups de la rapière de l'adversaire. On appelait *dagasse* la grande dague ; on la portait souvent en même temps que le poignard, & comme lui suspendue, tantôt sur la hanche aux taillades des bragues, tantôt attachée derrière les reins. Plus tard, vers 1590, on en chargeait quelque valet qui suivait avec le manteau quand on allait à pied de par la ville (7).

On appelait *indague*, en terme de raillerie du temps de Rabelais, le gentilhomme dépourvu de dague (8). Dans la catégorie de cette arme furent compris les malchus, les langues-de-bœuf ou sang-de-dez, les *braquemarts* & « aultres courts coulteaux (9) ». Durant le XVIᵉ siècle, on donna sans distinction à toutes sortes de poignards le nom

---

(1) Dans les comptes de marine du XIVᵉ siècle, on trouve cité : le *Coutiax*, et dans les statuts génois, le *Cultellum de ferire*.

(2) D'Aubigné *(Aventures du baron de Fœnestes)*. — (3) Brantôme, Marozzo, lettres de Michel-Ange.

(4) Matteo Bandello, Dict. de N. Duez... — Il y avait vers 1530, observation jusqu'à présent négligée, une fabrique de poignards courbes à Pistoja. (5) Menciolino, Marozzo, Giacomo di Grassi, G. dell' Agocchie, &c., &c.

(6) Marozzo. — (7) Agrippa d'Aubigné.

(8) Indague, celui qui sortait sans dague, c'est-à-dire sans ajustement, sans grâce & sans contenance. (Grand dict. de Trévoux.) — Dict. français-italien d'Oudin. *(Disponesto, torpe, brutto.)* — (9) *La Noble Science des joueurs d'espée*, Anvers, 1538.

de dague. D'un usage commun à toutes les classes, arme de parement ou d'accou-
trement journalier (1), on la retrouve agissant dans les drames intimes ; les femmes de
l'Allemagne & de l'Italie (2) la suspendaient à leur ceinture, & les Castillanes la portaient à la jarretière comme firent en champ clos Jarnac & la Châtaigneraie (3). Ce
fut à coups de dague que Mᴸᴸᵉ de Châteauneuf, « l'une des mignonnes du roi Henri III,
tua virilement son mari » (septembre 1577) (4). Enfin l'œuvre fièrement cavalière des
armes de courte portée une fois accomplie vers 1650, le stylet reste encore, & dans l'État
papal seulement, de 1775 à 1800, il commit dix-huit mille assassinats (5).

ÉDOUARD DE BEAUMONT.

DESCRIPTION

LE POIGNARD (gravure à droite).

ᴀᴍᴇ damasquinée d'or au talon ; la poignée & les deux boutons des gardes répètent la
disposition d'ornements qui forme le pommeau. Ce sont des incisions perforées en
spirales sur les parties saillantes de l'ensemble qu'enrichissent de petits fleurons d'or
s'enlaçant sur le fond bleu de l'acier. Le fourreau de ce joli poignard a ses garnitures
d'un travail analogue à celui de sa poignée.

(Il provient de la collection du vicomte de Courval.)

LA DAGUE (gravure à gauche).

Sa lame est très-aiguë ; sa monture de fer gris ciselée est, par endroits, travaillée à jour. Ses quillons,
recourbés, sont compliqués sur leur face par un anneau destiné, dans l'action, à préserver le pouce. Des figurines
& des petits médaillons encadrés dans des ornements décorent le pommeau, les branches de garde, & les garnitures
du fourreau, qui porte au revers une bague de suspension.

FLASQUE (gravure du milieu).

(Flasque) était le nom donné pendant le xviᵉ siècle à la boîte de bois, d'ivoire, de corne ou de métal, destinée
à contenir, suspendue au côté par un cordon quelconque, la poudre dont on chargeait les armes à feu portatives.
Flasque dérive, ou de *faque*, *facque*, étui-pochette, venant de l'allemand *fach*, étui-bourse, ou plutôt du
languedocien *flasco*, poire à poudre de chasseur, dérivant lui-même de l'italien *fiasca*, flacon.

Brantôme (6) cite les flasques de Milan comme ayant été de son temps les plus recherchées, et les mieux
façonnées ; il les dit très-supérieures à celles des fourniments fabriqués à Blangy.

DESCRIPTION

Les parties de sa monture, celle du bas formant le dessous & celle du haut où se trouve le tube à poudre
fermé à soupape par un ressort, sont de cuivre, gravées & dorées. Les deux faces plates de cette flasque portent,
comme ses côtés garnis de pitons de suspension, des incrustations en *Tauchie* de filets d'ivoire se contournant &
s'enlaçant par volutes compliquées de figures d'animaux & de fruits. Dans un médaillon, au centre du revers, est
représenté en emblème : un écureuil mordant une pomme ; de l'autre côté, sur le devant, se trouve, ajusté dans
l'ornementation d'ensemble, un blason. Il est gravé aux armes de l'électorat de Saxe, qui porte en flanc sénestre,
partie pour la Saxe, fascé d'or & de sable de huit pièces au cancerlin de sinople, en bande brochant sur le tout
& au flanc dextre, deux épées de gueules en sautoir, les pointes hautes pour la dignité du grand maréchal &
électeur de l'empire. L'écusson est surmonté d'un bonnet d'électeur.

(1) On nommait certains courtisans d'antichambre *piqueurs de coffres*, parce que, désœuvrés, ils tailladaient de leur dague
les bahuts sur lesquels ils s'asseyaient pour attendre. (Dict. com. de Le Roux.)

(2) M. Bandello (en Allemagne, très-fréquemment, les gaines des dagues portaient, dans un étui qui en faisait partie,
un poinçon & une fourchette).

(3) 15 juillet 1547. Voir Brantôme, *Discours sur les duels* — et d'Audiguier, *Ancien usage des duels.*

(4) *Mémoires de Pierre de Lestoile*, année 1577. — (5) Henry Beyle. — (6) Vie de M. de Strozze *(des Couronnels français).*

É. DE B.

CABINET XVIᵉ SIÈCLE.
Musée du Louvre. Donation Sauvageot.

PL. 14.

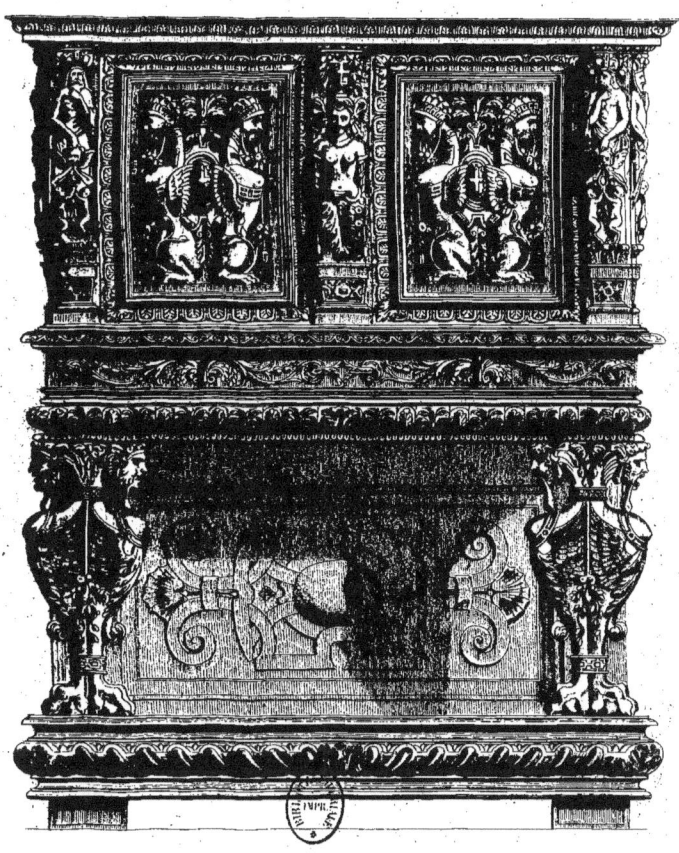

Imp. Delâtre, Paris.

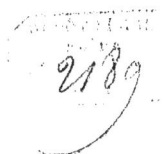

CABINET

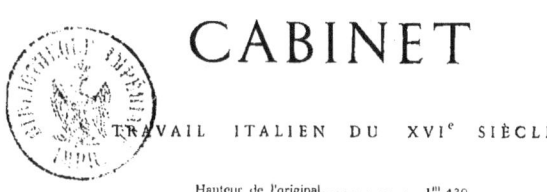

TRAVAIL   ITALIEN   DU   XVIᵉ   SIÈCLE

Hauteur de l'original............ 1ᵐ,420
Largeur..................... 1ᵐ,200
Profondeur................... 0ᵐ,500

(Musée impérial du Louvre. — Donation Sauvageot)

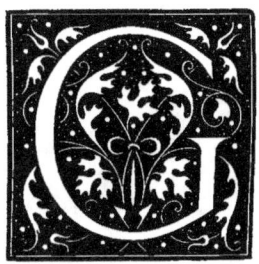

ÉNÉRALEMENT désigné sous le nom de cabinet, ce meuble, ainsi que l'a fait remarquer M. le comte de Laborde (1), n'est autre « qu'un bahut à deux vantaux dressé sur quatre pieds » dont l'origine remonte au xviᵉ siècle.

Confié, dans son principe, au seul talent du sculpteur en bois, le luxe toujours croissant demanda autre chose, & bientôt ce meuble se trouva, dans certaines parties, rehaussé d'or.

Tel est celui que nous représentons.

Mais à cette innovation qui apportait déjà un notable changement dans la décoration primitive des cabinets, vint bientôt s'en joindre une nouvelle qui, en changeant complétement la forme & l'ornementation, déshérita presque complétement les sculpteurs en bois d'une spécialité qui leur appartenait, pour la faire passer aux mains des peintres, des orfévres, des mosaïstes, des ivoiriers, qui, unissant leurs différents arts, les appliquèrent à l'ornementation des cabinets. Un exemple que nous empruntons à l'excellent travail de M. Jules Labarte (2) montrera à quel point le luxe de l'ornementation était arrivé. « Le « chef-d'œuvre du genre, sinon pour la pureté du style, du moins « pour la richesse des ornements & la complication du travail, se « trouve dans la Kunstkammer de Berlin. C'est un cabinet, connu sous

(1) Notice des émaux, bijoux, etc., exposés dans les galeries du Louvre. — *Glossaire*, au mot *Cabinet*.

(2) Catalogue Debruge-Duménil, page 381.

« le nom de Pommersche Kunstschrank, qui fut fait à Augsbourg
« en 1616 pour le duc de Poméranie Philippe II. Philipp Hainhofer,
« peintre & architecte, artiste éminent, grand collecteur d'objets d'art,
« qui eut une grande influence sur les artistes de son temps, a fourni
« le plan du meuble & en a dirigé l'exécution. Ulrich Baumgartner,
« fameux ébéniste, a fait la partie principale de l'œuvre... Vingt-cinq
« artistes, dont les noms sont connus, ont concouru à sa décoration.
« Trois peintres, un sculpteur, un peintre en émail, six orfévres, deux
« horlogers, un facteur d'orgues, un mécanicien, un modeleur en cire,
« un ébéniste, un graveur sur métal, un graveur en pierres fines, un
« tourneur, deux serruriers, un relieur & deux gaîniers. On peut
« juger par cette énumération de tous les genres d'ornementation dont
« ce meuble est décoré. »

A. SAUZAY.

DESCRIPTION

 A u-dessus d'un tiroir décoré d'un ornement courant, & se tirant au moyen de deux boutons en fer en forme de loquet, se trouvent deux vantaux, décorés chacun de deux sirènes ailées reliées par un ornement en ove avec croix au milieu. Ces deux vantaux sont séparés par une partie pleine sur laquelle est sculpté le buste d'une femme terminé par un enroulement. La partie inférieure du meuble, vide, se compose de deux doubles cariatides qui, adossées, & posant sur des pattes de lion, sont, ainsi que les sirènes de la partie supérieure, en partie dorées.

A S

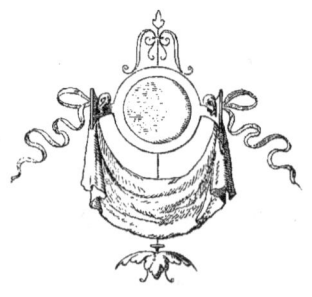

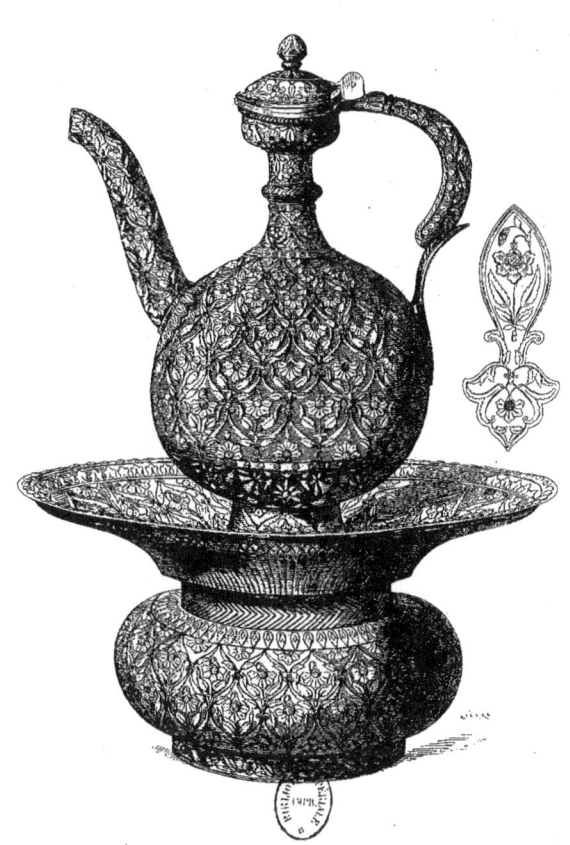

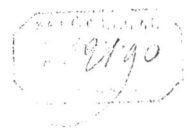

Imp. Delâtre, Paris.

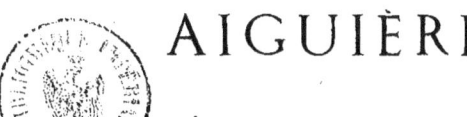

AIGUIÈRE

INCRUSTÉE D'ARGENT CISELÉ. — TRAVAIL INDIEN

Hauteur de l'aiguière............ 0^m,30
Diamètre du plateau............ 0^m,31

(Collection de Mme la baronne Salomon de Rothschild)

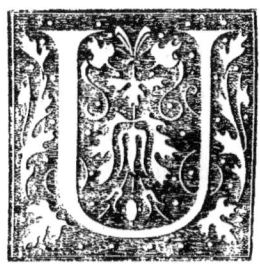

N peuple qui met au premier rang des vertus la pureté de l'âme & du corps; qu'une civilisation singulière divise en castes distinctes exposées à la souillure par le simple contact, a besoin d'avoir constamment sous la main un élément purificateur; or, dans l'Inde, le Gange, fleuve sacré par excellence, est là pour prêter ses eaux à la masse des imprudents ou des coupables qu'une immersion complète doit ramener à l'état d'innocence.

Mais, pour les plus sages même, les ablutions partielles accompagnent tous les actes de la vie, & les récipients qui servent à les accomplir occupent le premier rang parmi les objets de luxe.

La pièce que nous avons sous les yeux, est la preuve de cette recherche; composée d'un métal noir particulier, elle est entièrement couverte d'incrustations d'argent ciselé qui forment sur sa surface un réseau losangé, dont chaque maille renferme une tige terminée par sa fleur retombante.

Pour bien comprendre la forme & l'usage de cette curieuse aiguière, voyons d'abord comment se passe un repas indien, & à quel moment elle y doit apparaître. Les convives sont rangés autour de la salle du banquet; les nattes ont été roulées, & le plancher mis à nu devant chacun, afin qu'on soit bien assuré qu'aucun des mets qui vont être déposés sur le sol ne sera exposé à une souillure quelconque. Alors de jeunes pages vont circuler, & présentant d'une main un bassin couvert, penchant de l'autre le vase au goulot effilé, ils mettront chaque invité en état de se livrer aux joies du festin par le lavage préalable des mains; le couvercle, ou opercule percé de trous, permettra de faire le tour de l'assemblée sans que le dernier des assistants puisse remarquer s'il a été précédé dans son opération, & si le bassin contient une eau salie plus ou moins abondante.

Après le repas, l'opération recommence & les tapis reprennent leur place après qu'on a balayé les poudres colorées & les fleurs qui formaient devant les convives une décoration éphémère.

Ce qu'on peut remarquer ici, c'est la convenance des formes unie à une incontestable élégance; ce récipient usuel devient, par la recherche des détails, une décoration charmante. La pièce qui rattache l'anse au corps de la buire est d'une forme cherchée, d'une ornementation délicate; les moindres bordures se découpent comme une dentelle d'argent; un goût pur, une distinction exquise élèvent au niveau des plus riches intérieurs une matière comparativement peu chère. Le métal noir ainsi travaillé devient de l'orfévrerie, & peut paraître au milieu des coupes de cristal ou de jade, incrustées de rubis.

Cette aiguière se distingue de beaucoup d'autres pièces où l'argent, en simple silhouette, arase la surface; ses reliefs ont été ciselés minutieusement; chaque fleur dessine son calice & ses pétales, chaque feuille a ses nervures; les rinceaux s'expriment en acanthes vigoureuses; ce n'est donc plus une damasquine; c'est une incrustation de métal travaillée avec art.

ALBERT JACQUEMART.

DESCRIPTION

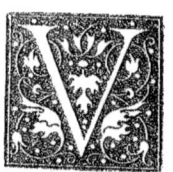ASE A EAU bursaire, à pied, aplati latéralement, à col rétréci, terminé par un évasement capsulaire surmonté d'un couvercle; anse articulée au couvercle & rattachée, à sa base, au corps du vase, par une plaque découpée en arabesque; goulot en S implanté au bas de la panse & s'en écartant par le haut. Plateau circulaire, surmontant un récipient sphéroïdal, sur le pourtour duquel s'insère son disque incliné; un opercule percé & à bouton ferme l'ouverture centrale, & repose sur une rainure creusée dans cette ouverture. Lorsque les deux pièces sont superposées, l'opercule disparaît sous le piédouche de l'aiguière.

A. J.

Coll.ᵒⁿ de M.ʳ le Comte de Nieuwerkerke.

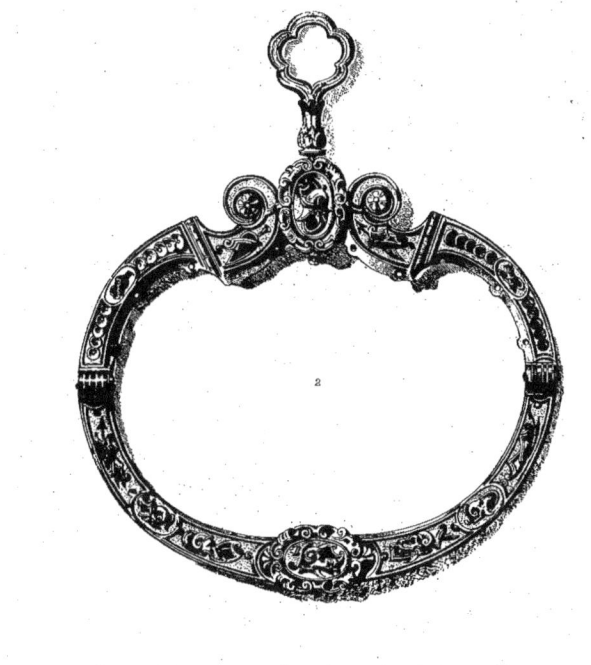

2

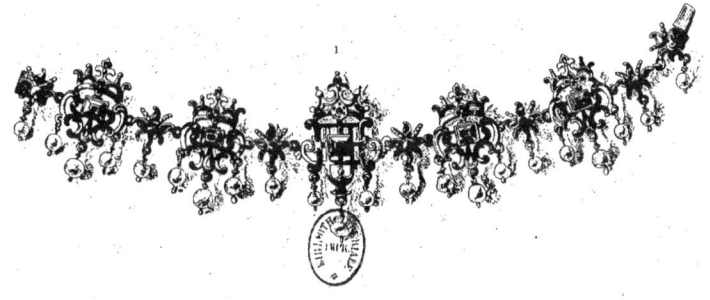

1

Imp.Delâtre, Paris.

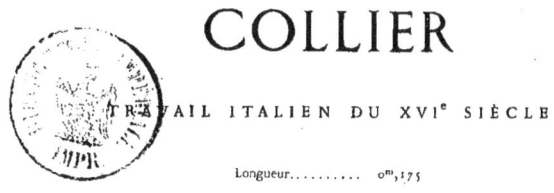

COLLIER

TRAVAIL ITALIEN DU XVIᵉ SIÈCLE

Longueur.......... 0ᵐ,175

MONTURE D'ESCARCELLE

TRAVAIL FRANÇAIS DU XVIᵉ SIÈCLE

Hauteur (bellière comprise).. 0ᵐ,141
Diamètre.................. 0ᵐ,120

(Collection de M. le comte de Nieuwerkerke)

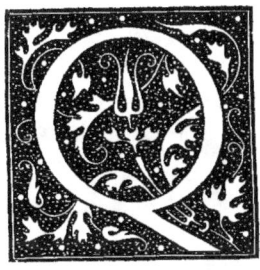

UEL que soit l'œuvre d'art dont on cherche à découvrir l'origine, c'est toujours dans l'antiquité qu'il faut remonter, certain qu'on est de l'y trouver décrite.

En effet, si nous fouillons les tombeaux égyptiens, étrusques, grecs & romains, nous y trouvons des bagues, des épingles à cheveux, des pendants d'oreilles, des bracelets, des colliers, dont la perfection étonnante du travail peut seule le disputer à la richesse de la matière, à la pureté de l'or qui enchâssait les perles fines, les camées les plus remarquables, & les pierres les plus précieuses.

Si la mode abandonne aujourd'hui aux seules dames le privilége exclusif de porter des colliers, tel il n'était pas l'usage antique, car les hommes portaient aussi des Torquès (colliers) qui se composaient d'un cercle d'or massif. Tels sont ceux qu'on voit sur les statues du Gladiateur mourant, & d'Arria & Pœtus, l'une au Capitole, l'autre à la villa Ludovici. N'oublions pas le consul Manlius (340 ans avant J.-C.) qui ne dut son surnom de *Torquatus* qu'au Torquès qu'il enleva au Gaulois qui défiait l'armée romaine.

L'Escarcelle, ou plutôt l'Escharcelle, si nous adoptons l'étymologie qu'en donne M. le comte de Laborde, en faisant dériver ce mot d'eschars, *économe, avare,* remonte à une époque très-reculée, & fut d'un usage général dans toute l'Europe. Complément essentiel de l'habillement, tout le monde en portait une appendue à son côté, car par sa dimension & ses divers compartiments elle servait tout à la fois de poche & de bourse.

Sans fermeture, la pression seule de la main faisait rapprocher ou ouvrir l'espèce de sac qui était généralement en velours ou en soie.

A. SAUZAY.

DESCRIPTION

N° 1.

u centre de chacune des cinq plaques à jour en or émaillé composant ce collier, se trouve un grenat. A la partie inférieure, soit des plaques, soit des ornements qui les séparent, pendent de petites perles fines mobiles.

N° 2.

Les trophées, les anneaux concentriques qui décorent la face & le revers de cette escarcelle sont en fer ciselé se détachant sur un fond d'or à grenetis.

A. S.

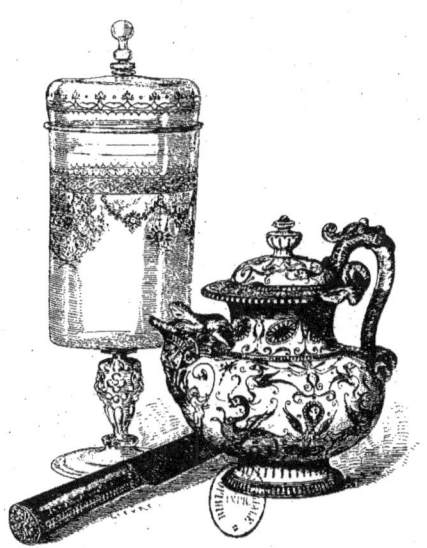

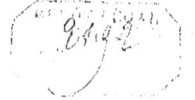

VASE A PARFUMS

FAÏENCE D'URBINO

Hauteur de l'original............. 0^m,16

VERRE DE VENISE

Hauteur de l'original............. 0^m,27

(Collection de Mme la baronne Salomon de Rothschild)

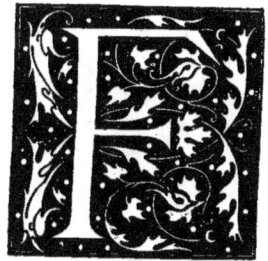

EDERIGO Zucchero, Battista Franco & Raphael del Colle, appelés à la cour d'Urbino par le duc Guid'Ubaldo pour y décorer ses palais, apportèrent, sans le vouloir peut-être, un nouveau goût dans la décoration des faïences fabriquées en Italie à partir du milieu du quinzième siècle. Dans les pièces à sujets de personnages ils firent succéder leurs propres compositions à celles de Raphaël, que l'on avait imitées jusque-là. Quand il fut question de simples ornements, aux palmettes, aux colonnes de grotesques & aux candélabres que l'on peignait depuis longtemps dans le goût de Nicoletto de Modène l'on substitua un semis de camaïeux accompagnés de dragons, de chimères, de termes...., d'ailleurs symétriquement distribués.

Les premiers s'enlevaient généralement en clair sur un fond coloré. Les seconds, au contraire, se détachèrent en vigueur sur un fond blanc.

Ce genre de décor fut plus tard transporté à Ferrare & dans d'autres centres céramiques, sans aucun doute, & dura jusqu'au dix-septième siècle où il fut exécuté avec une grande négligence.

Le vase que nous reproduisons appartient encore à la belle époque de la fabrication.

Plus voisine de l'Allemagne que toute autre ville d'Italie, & d'ailleurs en communication constante avec l'Orient, Venise dut à sa position de donner une physionomie particulière aux arts pratiqués au milieu des lagunes. Aussi le verre que nous reproduisons ici rappelle-t-il trois nationalités différentes.

La frise qui enveloppe sa coupe est inspirée des damasquines orientales, tandis que les guirlandes qui y sont suspendues appartiennent à l'art italien, & que les armoiries qui interrompent ces guirlandes sont allemandes.

Il est intéressant de rapprocher cette ornementation exécutée en filets d'or déposés au pinceau, des damasquines du couteau persan en acier damassé, que l'artiste a jeté à côté du verre pour en faire valoir les transparences par l'opposition des tons sourds & mats du métal gris & sans reflets.

ALFRED DARCEL.

DESCRIPTION

 ABITUELLEMENT fabriquées pour le dressoir, la plupart des faïences italiennes ne peuvent être d'aucun usage. Tel est le vase que nous publions. Sa forme le rend propre à contenir & à verser des liquides, mais les trous ovales obliquement percés dans la gorge qui se creuse au-dessus de la panse semblent l'avoir surtout destiné à laisser évaporer des parfums.

Usant d'un décor que Bernard Palissy a développé parfois outre mesure, le potier d'Urbino a posé sur le goulot que soutient un masque une grenouille que menacent les têtes de deux couleuvres dont les corps unis forment anse.

Sur la panse & sur le couvercle, tous deux émaillés de blanc, de légers grotesques ont été semés suivant un dessin symétrique. Les contours sont tracés en bleu & le plus souvent en brun roux par des mains fort exercées à de pareils caprices, & les intérieurs sont modelés en bistre posé du côté de l'ombre avec quelques touches bleues ou jaunes. Des oves & des dessins courants d'un ton bistré plus solide ourlent le couvercle ainsi que le pied & l'ouverture du vase.

Porté sur un pied circulaire par l'intermédiaire d'une tige en balustre, le verre cylindrique que nous reproduisons est muni d'un couvercle à bouton.

Son décor très-sobre est composé, sur le couvercle, d'un léger entrelacs de fils d'or que de place en place relève un fleuron.

Sur la coupe c'est une frise formée de longs rinceaux en fils d'or où s'enchevêtrent quelques lièvres lancés au galop : imitation de certains décors de l'Orient. A cette ceinture sont suspendues des guirlandes de fleurs & des pentes de fruits, interrompues par de grands écussons d'armoiries presque indéchiffrables aujourd'hui. Mais les cimiers que surmontent deux trompes d'éléphant opposées sont d'une physionomie trop allemande pour que nous ne pensions point que ce verre a été fabriqué à Murano sur une commande venue d'au delà des monts.

A. D.

MEUBLE XVIᵉ SIÈCLE.
Musée du Louvre. Donation Sauvageot.

PL..18.

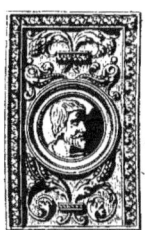

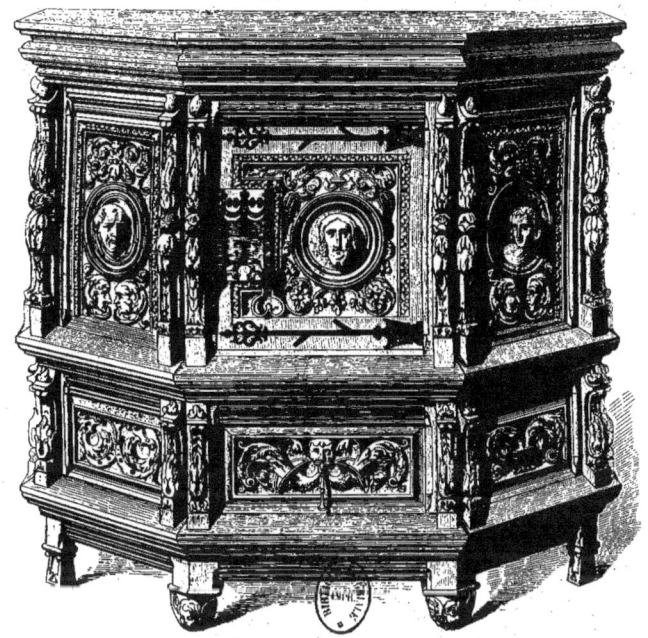

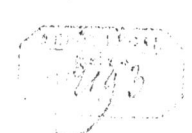

MEUBLE

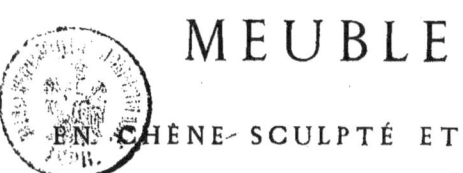

EN CHÊNE-SCULPTÉ ET DORÉ

XVIᵉ SIÈCLE

Hauteur. oᵐ,920
Largeur oᵐ,940
Profondeur. oᵐ,570

(*Musée du Louvre.* — *Donation Sauvageot*)

USQU'AU quatorzième siècle les meubles en bois
exécutés avec quelque luxe ne reçurent généralement pour décoration principale que leurs
ferrures nécessaires, finement découpées &
posées en évidence. Les meubles les plus riches
étaient décorés de peintures polychromes appli-
quées sur les panneaux préparés à cet effet &
presque toujours recouverts de vélin. Le rôle du menuisier dans la
fabrication de ces pièces importantes était réduit à sa fonction élément
taire; celui du « tailleur d'images » ne s'exerçait pas encore dans le
sens qui nous occupe. « La menuiserie, dit M. Viollet Le Duc, dans
son savant *Dictionnaire du mobilier,* la menuiserie était d'une grande
simplicité. Il semble qu'alors on tenait à conserver à ces armoires
l'aspect d'un meuble robuste, bien fermé. » Plus tard seulement la
sculpture vint apporter à la menuiserie le secours d'un art plus relevé.
Le seizième siècle surtout se montra prodigue des créations capricieuses
de ses artistes sur ses cabinets, crédences, buffets, meubles de toutes
sortes & de toutes formes, qui ont traversé les siècles & sont arrivés
intacts jusqu'à nous. Il faut dire aussi que les bois employés étaient
scrupuleusement choisis dans les réserves où ils avaient été préalablement soumis à une longue dessiccation, puis exposés à l'action calculée

de la fumée qui donnait au chêne de belles teintes chaudes faisant corps avec le bois lui-même, au lieu de s'en isoler comme le font les jus, les sauces & les vernis employés depuis. Ajoutons encore qu'on ne voyait dans ces meubles aucune pièce de rapport collée, vissée ou clouée. Les moulures, les figures, les ornements étaient taillés dans l'épaisseur du bois; les vides & les pleins étaient combinés selon la force ou la faiblesse des parties sur lesquelles ils étaient ménagés. De là cette belle conservation de meubles dont la finesse, l'élégance & la beauté attestent une fois de plus le goût charmant de la Renaissance.

ERNEST CHESNEAU.

DESCRIPTION

N dessus de chêne tout uni, par sa coupe à cinq pans appuyés à un sixième grand côté qui suit le fond, éveille l'idée exacte du meuble entier dans sa forme spéciale. Le dessinateur devait particulièrement s'attacher au détail de la partie antérieure, la plus riche en réalité, & c'est ce qu'il a fait dans la planche que nous donnons ici. Le corps du meuble est divisé en deux parties inégales par une suite de moulures. La partie inférieure, qui est la moins importante, est décorée de rinceaux & de légers ornements, tandis que chaque panneau de la partie supérieure (sauf un) a reçu à son centre une tête finement sculptée. Ces figures nous paraissent être celles de Jésus-Christ & des quatre évangélistes. On remarquera avec quel audacieux & légitime dédain de la morne symétrie, le médaillon du panneau du milieu a été déplacé de son centre pour faire place sur la gauche à une serrure très-simple, mais d'un dessin ingénieux. Ce vantail est retenu par deux pentures en fer plat, découpé & noirci, de manière à laisser tout leur éclat aux rehauts d'or appliqués sur certaines moulures & sur quelques-uns des ornements, tels que les vrilles des panneaux & les palmettes des montants accolés à l'intersection des cinq pans. Ce beau meuble figure dans le catalogue du Louvre, rédigé par M. Sauzay, sous le n° B. 94.

E. C.

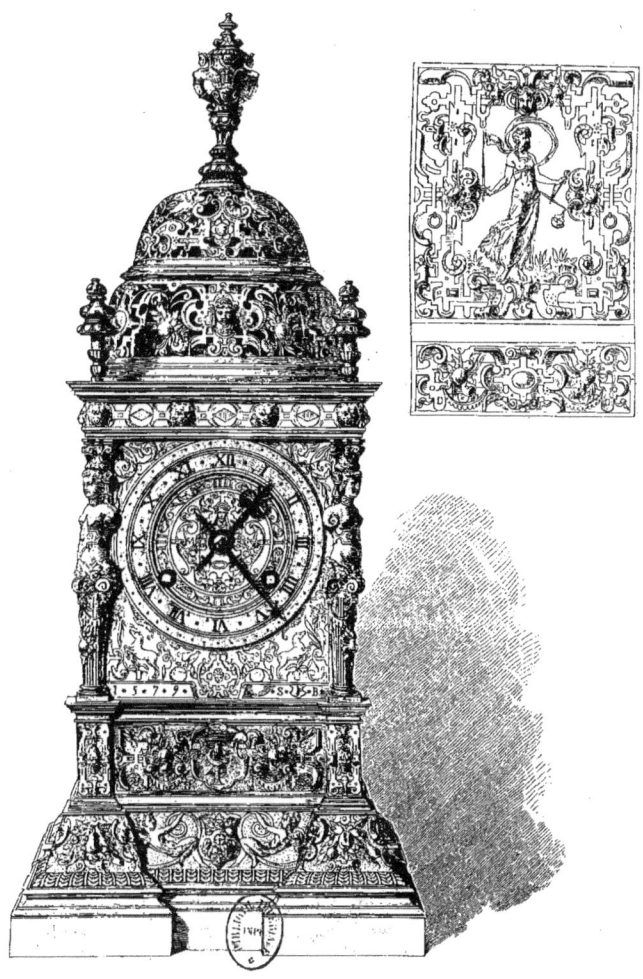

HORLOGE ALLEMANDE

Hauteur de l'original............ 0^m,33

Largeur...................... 0^m,14

(*Collection de M. le baron James de Rothschild*)

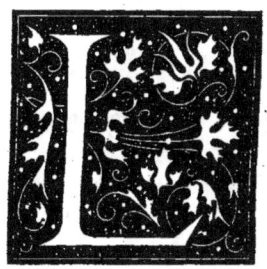

LES horlogers du seizième siècle ne se bornaient pas à combiner le mécanisme & à exécuter les rouages intérieurs des instruments horaires qu'ils fabriquaient : artistes autant qu'ouvriers, ils façonnaient eux-mêmes les boîtes de métal qui servaient d'enveloppe & de parure au mouvement de leurs horloges. Aucun luxe n'était interdit à leur caprice : aussi, pour citer un exemple emprunté à la France, voit-on, dans les statuts de la corporation, rédigés à nouveau sous François Ier, que les *orlogeurs* avaient, comme les orfévres, le droit de mettre en œuvre « l'or, l'argent & toutes autres étoffes. » Ils usèrent largement de ces franchises, & il est telle de leurs horloges ou de leurs montres qui, pour le goût du dessin & la finesse du travail, ne le cède en rien aux productions de la plus délicate orfévrerie.

L'horloge portative que nous reproduisons ici est bien faite pour intéresser les curieux. Indépendamment de l'élégance de sa structure & du caractère allemand des figurines & des ornements qui la décorent, elle porte une date — 1579 — & un monogramme — S. B. La forme monumentale dont elle nous donne le modèle demeura longtemps en usage : l'horloge de Gaston d'Orléans, qui fait partie de la collection de M. Dutuit, prouve en effet que ce style était encore à la mode sous Louis XIII. Quant aux initiales S. B. elles doivent, quant à présent,

rester inexpliquées. Elles appartiennent à un maître inconnu, mais singu-
lièrement habile, que M. Pierre Dubois n'a point mentionné dans sa
savante *Histoire de l'Horlogerie*.

PAUL MANTZ.

DESCRIPTION

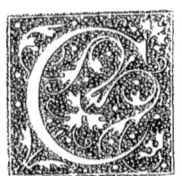 ETTE horloge, qui a la forme d'un petit monument rectangulaire,
est surmontée d'un dôme doré & découpé à jour. Chacun des angles
de la partie centrale est orné d'une cariatide composée d'un buste
de femme supportant un chapiteau & se terminant par une gaîne.
Des chevaux, des fleurs, des oiseaux, finement gravés, remplissent
l'espace circonscrit entre le cadran & les cariatides. Au-dessous, la date 1579, & les
initiales S. B. séparées par une marque d'artiste qui paraît figurer une fleur de lis
coupée par la moitié dans le sens vertical. Sur la frise, en argent repoussé, qui décore
le socle, on remarque les lettres S, F enlacées & surmontées d'une couronne ducale.
La base est ornée d'une autre frise représentant, aux angles, des fruits & des fleurs,
&, au centre, des enfants ailés jouant dans des rinceaux.

Une des faces du petit monument portant le cadran, les trois autres sont occupées
par des bas-reliefs en argent repoussé. A droite est la Foi, tenant d'une main le
calice & l'hostie & s'appuyant de l'autre sur une croix. A gauche, l'Espérance s'approche d'un esclave dont elle semble vouloir briser les chaînes. Sur le côté opposé
au cadran l'artiste a ciselé la figure de la Justice tenant la balance & l'épée. Le
caractère de ces figures, élégantes & doucement maniérées, prouve que l'auteur
s'inspirait des fines gravures d'Étienne Delaulne & montre une fois de plus quelle
autorité ce charmant maître s'était acquise non-seulement en France, mais aussi de
l'autre côté du Rhin.

P. M.

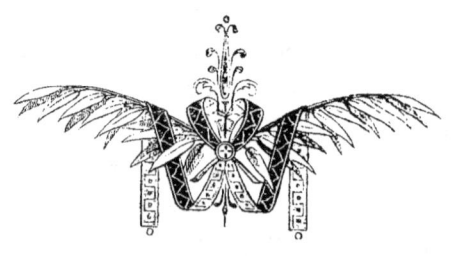

RONDACHE. XVIᴱ SIÈCLE.
Collᵒⁿ de Mᵐᵉ la Baronne S. de Rothschild.

PL. 20.

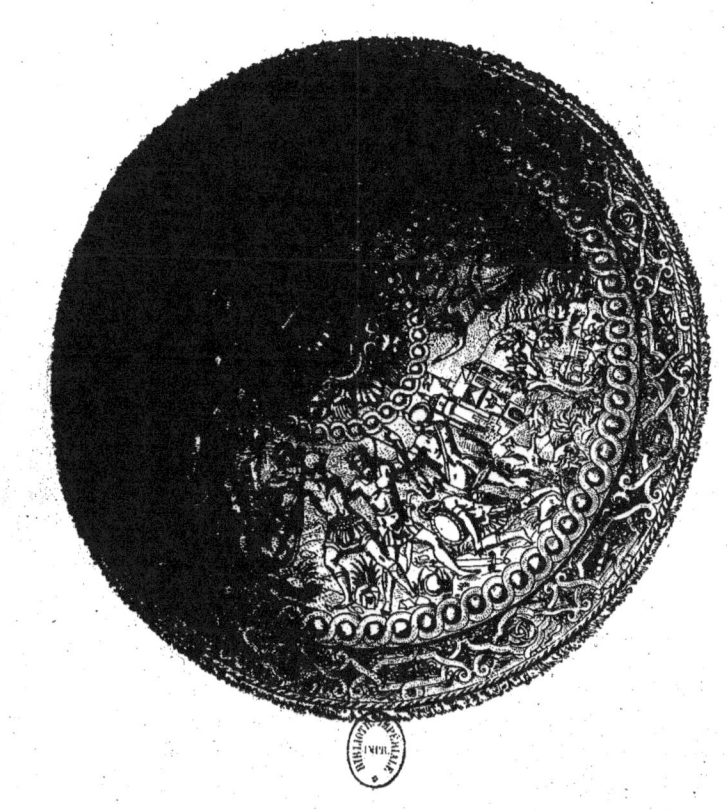

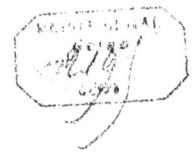

Imp. Delâtre, Paris.

RONDACHE

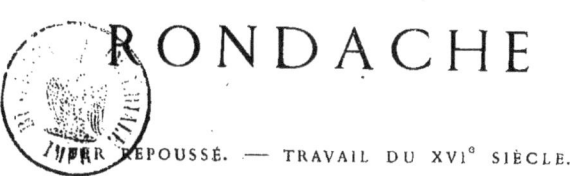

EN REPOUSSÉ. — TRAVAIL DU XVI° SIÈCLE.

Diamètre de l'original. . . 0^m,51

(Collection de Mme la baronne Salomon de Rothschild)

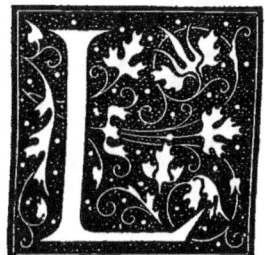

A rondache ou *rotella* du XVI° siècle remonte, comme origine, au *clypeus* antique (le bouclier rond des Cariens). Il était, du temps d'Hérodote, fabriqué de bois & de bronze, orné de figures ciselées, d'emblèmes, de clochettes ou de devises. Eschyle décrit ainsi celui de Polynice : « Il est, dit-il, d'un travail très-remarquable, qui représente deux figures, une femme menant par la main un guerrier revêtu d'une armure d'or. Auprès est gravée cette inscription : *Je suis la Justice.* » Les Romains adoptèrent d'abord ce genre de bouclier rond, mais l'ayant remplacé par le *scutum,* bouclier carré des Samnites, les gladiateurs furent les derniers qui conservèrent encore en Italie l'ancien *clypeus.*

Le bouclier franc, anglo-saxon & scandinave fut toujours circulaire de forme, depuis les plus hautes époques, tantôt décoré d'ornements en métal ciselé, tantôt recouvert de dessins aux couleurs éclatantes. De cet usage dérive celui des armoiries peintes sur les targes & les pavois au moyen âge (1). Durant un long espace de cette période, le grand bouclier rond ne se fabriqua presque plus en Europe ; enfin, avec la renaissance passionnée pour l'art grec, le *clypeus* antique servant de modèle, on décora

---

(1) Les Romains déjà portaient sur le *scutum* des figures peintes & des symboles distinctifs.

richement, comme lui, les nouvelles rondaches ; d'habiles armuriers
en forgèrent & en ciselèrent d'après les dessins des plus célèbres
artistes de l'Italie, & Lionardo da Vinci lui–même peignit, sur une
rotella de bois de figuier, une chimère aussi admirable qu'épou-
vantable (1).

ÉDOUARD DE BEAUMONT.

DESCRIPTION

 ER repoussé, pointe de l'umbo très-proéminente, le bas-relief
qui l'environne est d'un beau dessin & d'une grande fermeté de
saillie ; sa composition semble appartenir au style italien des
frères Gamberti, Milanais appelés à Paris par Henri II vers 1553.
Une bordure de bossettes prise entre deux cordons plats tordus
en 8 précède le champ d'entourage que décorent des cuirs encadrant des trophées,
des fleurs de lis, des croissants enlacés & le chiffre couronné de Henri II.

É. DE B.

(1) Vasari, *Vie des peintres.*

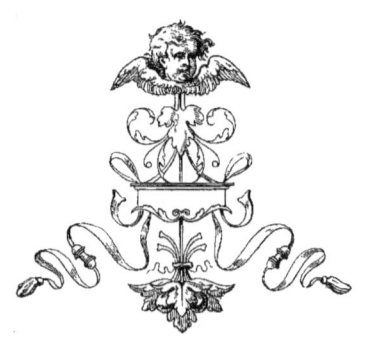

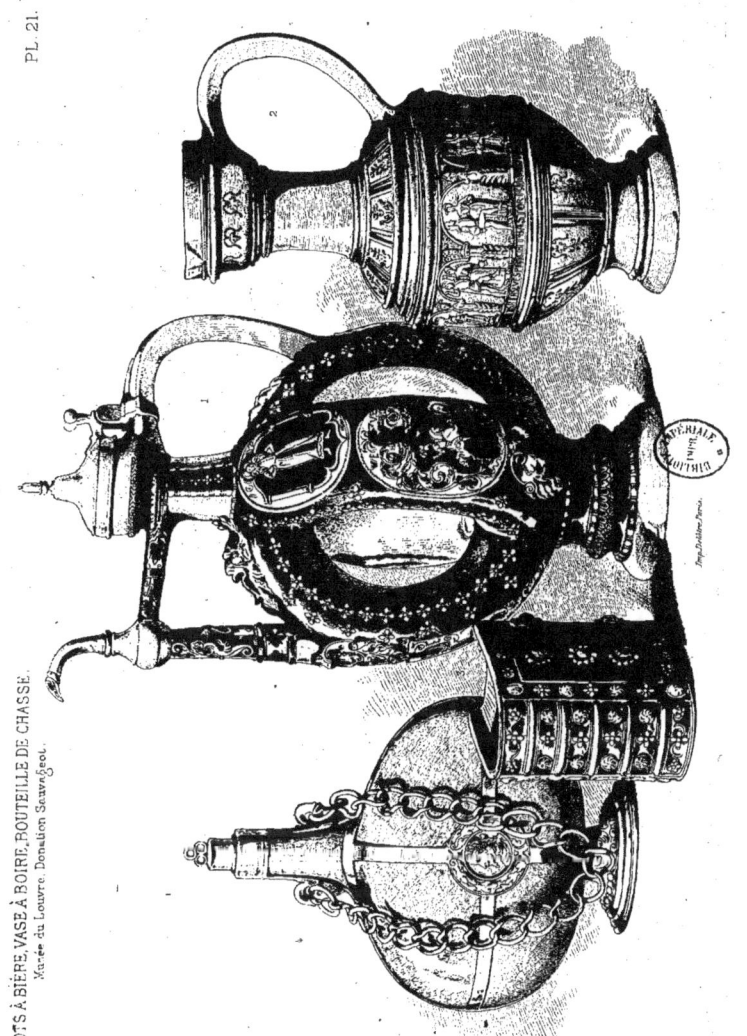

POTS À BIÈRE, VASE À BOIRE, BOUTEILLE DE CHASSE.
Musée du Louvre. Donation Sauvageot.

Imp. Paklière, Paris.

POTS A BIÈRE

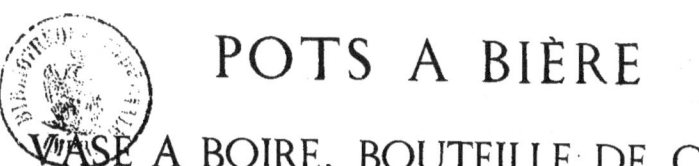

VASE A BOIRE, BOUTEILLE DE CHASSE

(Musée Impérial du Louvre. — Donation Sauvageot.)

'IL est facile de s'expliquer comment une ou plusieurs dates différentes peuvent être successivement apposées au moyen du burin sur les matières malléables telles que l'or, l'argent, le cuivre, &c., il n'en est pas ainsi lorsqu'il s'agit de grès cérames dont la dureté de pâte, une fois cuite, est telle, qu'aucune pression ne pourrait rien y graver, soit en relief, soit en creux. Le fait de dates & de monogrammes différents existant sur une grande quantité de grès, nous allons faire connaître le motif que nous croyons devoir donner à ces doubles indications, ainsi que le moyen employé pour les obtenir.

Supposons un moule; à l'intérieur se trouveront naturellement gravés en creux le monogramme de l'artiste inventeur, & le millésime de l'année où ce modèle aura été mis en vente pour la première fois. Au bout d'un certain temps, ce moule passe entre d'autres mains; alors le nouveau possesseur, soit qu'il ne puisse faire disparaître entièrement le creux qui donnera toujours en relief le monogramme de son prédécesseur, soit plutôt qu'il tienne à honneur de remettre en circulation une œuvre autrefois de mode, moulera l'objet tel qu'il était à sa création, en ayant soin, toutefois, avant la mise au feu, &, par conséquent, au moment où la pâte est encore malléable, d'appliquer sur chaque épreuve sortant du moule son propre monogramme, ainsi que la date de la reproduction à l'aide d'un cachet mobile.

La date la plus ancienne indique donc l'origine du moule, & la plus récente, celle de la reproduction.

A. SAUZAY.

1.

Pot a Biere. *Grès flamand du XVIIe siècle.*

Hauteur de bouteille..... ""

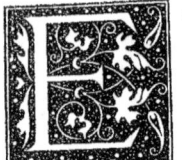

N erre naturelle émaillée de bleu, & à anse & goulot en étain, ce vase est formé de deux cercles creux qui, placés en sens contraire, le divisent en quatre côtes égales. L'ornementation du cercle placé sous l'anse & le goulot se compose de têtes de satyres, d'arabesques & de fleurettes; celle du cercle opposé, de deux médaillons superposés & oblongs représentant, l'un, *une femme vue de face & en costume flamand*, ayant près de sa tête le millésime 16-02; l'autre *un cavalier*. Au-dessus de sa tête le monogramme W E. V B. Au point de jonction inférieure des deux cercles, & sous un ornement en forme d'écusson, se trouve le second millésime 1589.

2.

Pot a Biere. *Grès flamand, de pâte brune, du XVIe siècle.*

Hauteur de l'ensemble....

Sur la panse, sept médaillons représentant des scènes de danse d'après Aldegrever. Au-dessous, la légende flamande : GERHET : DV : MVS : DAPER BLASEN — SO DANSSEN : DI BVREN : AL' WEREN : SI : RASEN — FRS : VF : SPRICHT : BASTOR — ICH VER : DANS : DI : KAP MIT.

(Gérard, tu dois vaillamment souffler. — Ainsi dansent les paysans, comme s'ils étaient enragés. — Allons, frère, dit le curé, je danserai à la fête patronale.)

Au bas du second médaillon, le millésime 1598, & sur le sixième le monogramme K°. R.

3.

Vase a Boire. *Grès flamand du XVIe siècle.*

Hauteur de bouteille..... ""

Pâte jaunâtre entièrement émaillée en bleu. Si la forme de ce vase autorise à le considérer comme un verre à boire, il paraît que tel n'est pas son usage en Flandre, car dans le catalogue de feu M. Jean d'Huyvette de Gand (n° 101), il est désigné sous le nom de « bouquetier en forme de livre. »

4.

Bouteille de Chasse. *Faïence française du XVIIIe siècle.*

Hauteur de longueur.....

Entièrement couverte d'un émail bleu turquoise, cette bouteille, en forme de gourde, est cerclée sur ses quatre côtés de bandes en étain plates & unies. Sur le milieu de chacune des faces se trouve un médaillon d'homme, en étain découpé à jour se détachant sur le fond d'émail bleu.

Le pied, la chaînette & le bouchon à vis sont en étain.

COFFRET À BIJOUX, XVIᵉ SIÈCLE,
Collᵒⁿ de Mᵐᵉ la Baronne S. de Rothschild.

PL. 22.

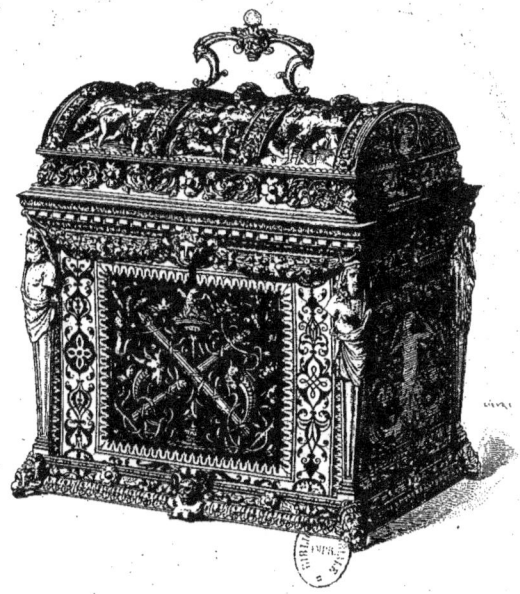

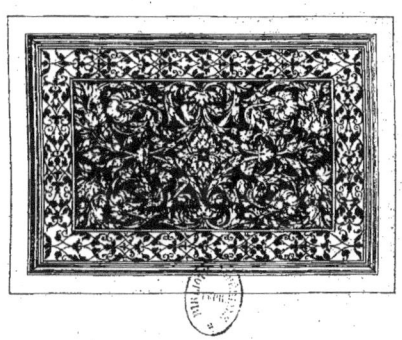

Imp. Delâtre, Paris.

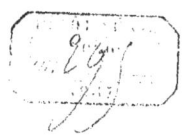

COFFRET A BIJOUX

XVIᵉ SIÈCLE

Hauteur de l'original............. 0ᵐ,14
Largeur 0ᵐ,13
Profondeur...................... 0ᵐ,09

(Collection de Mᵐᵉ la baronne Salomon de Rothschild.)

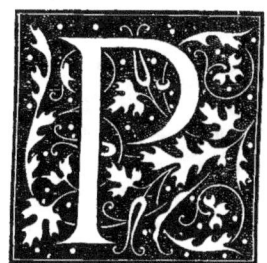

AR le grand goût du dessin & la finesse du travail, ce coffret à bijoux a pour le regard toutes les séductions d'une œuvre exquise. Ce n'est pas autre chose, à vrai dire, qu'un assemblage de plaques d'argent niellé, serties dans un entourage d'or, mais le style est si ferme & si délicat, l'exécution est si savante, le caractère de l'ornement s'harmonise si bien avec les surfaces décorées, qu'on ne peut attribuer cette petite merveille qu'à l'un de ces artistes que les Italiens rangent parmi les maîtres *di prima sfera*.

Les nielles jouent un rôle important dans l'ornementation de ce coffret. D'après le style de ces gravures sur argent, on peut conjecturer qu'elles ont été exécutées vers le milieu du seizième siècle : il y a, dans le dessin des figures antiques qui enrichissent le couvercle, un ressouvenir de la manière de Jules Romain ou de Perino del Vaga. En outre, l'exécution des nielles est si parfaite, qu'elle nous permet d'assurer que la décadence de ce noble procédé de décoration ne commença pas aussi tôt que le prétend Benvenuto Cellini. On se rappelle ses paroles : « L'an 1515, époque à laquelle je me mis à étudier l'orfévrerie, l'art de graver les nielles était presque entièrement abandonné, & aujourd'hui, à Florence, il est à peu près tombé en oubli parmi nos orfévres. » Mais Benvenuto avait ses raisons pour parler ainsi. Comment croire qu'il n'ait pas exagéré le mal, & que les orfévres italiens aient si vite désappris le *lavoro di niello,* lorsque le coffret de la collection de Mme la baronne Salomon de Rothschild semble prouver que, pendant la période qui correspond au règne de Charles IX, ils savaient si bien encore les secrets de cet art charmant?

PAUL MANTZ.

DESCRIPTION

OFFRET rectangulaire à couvercle bombé. Il est surmonté d'une poignée en or ciselé que décore un mascaron enrichi d'une perle fine. De légères bandes d'or, formées de fleurons & de branchages, divisent le couvercle en trois compartiments égaux. Ces compartiments sont en argent niellé & gravé. Les sujets qui y sont figurés se détachent sur un fond noir & représentent les épisodes d'un combat entre des guerriers vêtus à l'antique. Une frise composée de rinceaux & de fleurs occupe la partie inférieure du couvercle.

Les angles du coffret sont ornés de cariatides en saillie dont le buste est inséré dans des gaînes. Ces figures sont en or ciselé, comme la bordure festonnée qu'elles supportent, & comme les quatre têtes sur lesquelles repose le petit meuble.

Chacune des faces du coffret est formée d'une plaque d'argent niellé. Sur la première, on voit, entourés de divers ornements, deux faisceaux en croix que surmonte un phénix s'envolant du milieu des flammes. Sur le revers, sont deux dauphins, une cuirasse & des trophées d'armes. Les deux autres côtés représentent, l'un le buste d'une femme qui élève gracieusement les bras, & dont le torse se termine en volute; l'autre une vasque entourée de feuillages chimériques. Enfin le dessous du coffret qui, en raison de son élégance, a paru devoir être reproduit au bas de la planche 22, est occupé par un enlacement de fleurs & de feuilles, dont la symétrie & la finesse sont combinées « à souhait pour le plaisir des yeux. »

P. M.

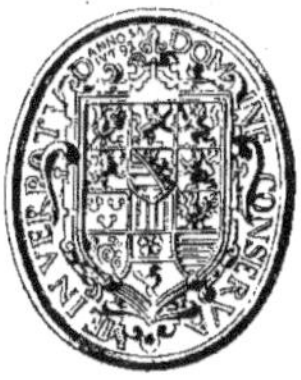

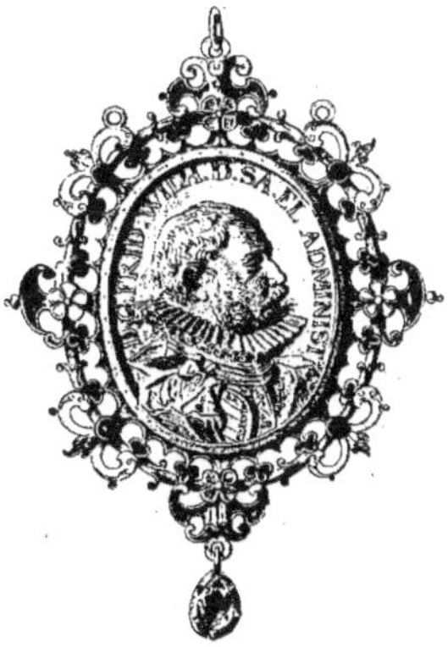

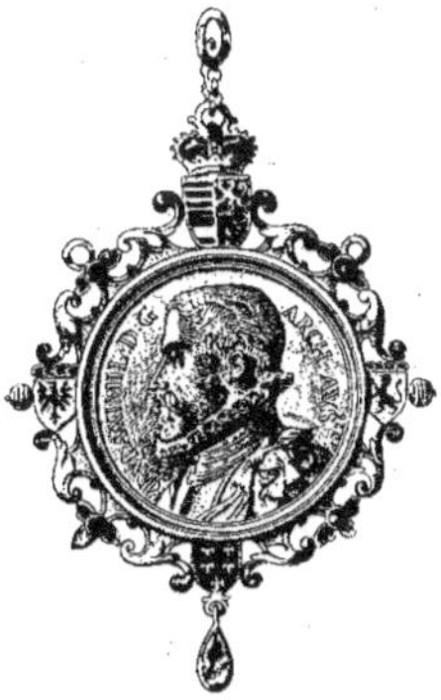

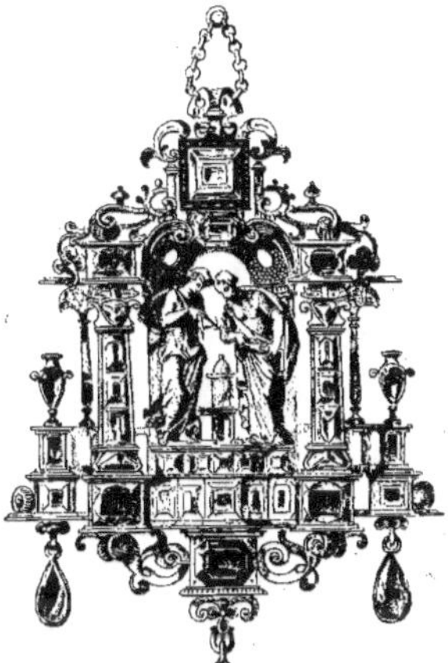

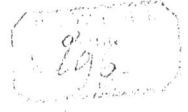

ENSEIGNES ET PENDANT

XVI⁰ SIÈCLE

Hauteur {
Nᵒ 1......... 0ᵐ,07
Nᵒ 2......... 0ᵐ,06
Nᵒ 3......... 0ᵐ,c8

(Collection de Mᵐᵉ la baronne James de Rothschild.)

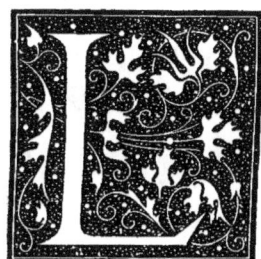

'IDÉE d'entourer une médaille d'un cercle d'or émaillé, & d'en faire ainsi un bijou ou une *enseigne*, n'appartient pas au seizième siècle. On voit, par l'inventaire des joyaux du duc de Berry, dressé en 1416, que ce prince avait fait arranger à cette mode plusieurs de ses médailles, entre autres « un grant denier d'or, auquel est contre-faict au vif le visage de Julius César, garny entour. de quatre saphirs & de huit perles. » Ces bijoux, suspendus à des chaînes, se portaient sur la poitrine, & l'usage en devint fréquent dès que les souverains eurent pris l'habitude de donner leur médaillon à leurs favoris ou à leurs serviteurs.

La collection de Mᵐᵉ la baronne James de Rothschild nous montre deux de ces médailles ainsi transformées en *enseignes*.

La première, qui est datée de 1592, est celle de Frédéric-Guillaume, duc de Saxe, administrateur de l'Électorat, landgrave de Thuringe, marquis de Misnie & prince de Henneberg. Né en 1562, Frédéric-Guillaume mourut en 1602.

La seconde médaille, datée de 1586, est celle de Maximilien, archiduc d'Autriche, qui joua un certain rôle dans l'histoire. Fils de l'empereur Maximilien II, il essaya, en 1587, de se faire nommer roi de Pologne, mais il échoua dans sa tentative. Maximilien d'Autriche fut grand maître de l'ordre Teutonique, de 1595 à 1618.

Un admirable bijou de femme complète la planche 23. C'est un de ces *pendants,* en or ciselé & émaillé, dont il est si souvent question dans les inventaires & dans les chroniques du seizième siècle. On trouvera plus bas la description détaillée de ce joyau célèbre & charmant où revit, en sa grâce des meilleurs jours, le génie de l'orfèvrerie italienne.

PAUL MANTZ.

DESCRIPTION

Nº 1.

ÉDAILLE de Frédéric - Guillaume, duc de Saxe. Le buste du personnage est entouré de l'inscription suivante : D. G. FRID. WILH. D. SA. EL. ADMINIST. Au revers, sont figurées les armoiries des principautés allemandes dont Frédéric-Guillaume avait le droit d'ennoblir son blason. Elles sont accompagnées de la devise : DOMINE, CONSERVA ME IN VERBO TVO, avec la date *anno salut. 92.*

Une bordure d'or émaillé & découpé à jour forme l'entourage du médaillon. Le premier cercle est d'émail vert, le second est d'or avec quatre fleurs alternativement blanches & bleues. Ces fleurs sont séparées par des points d'émail rouge. Les quatre ornements ajourés qui décorent la bordure sont en or émaillé de rouge. Un rubis est suspendu au bijou.

Nº 2.

MÉDAILLE en or de Maximilien, archiduc d'Autriche. Autour du buste, vu de profil, on lit l'inscription : MAXIMIL. D. G. ARCH. AVS. & la date 1586. Le revers représente un camp : rangés près d'une barrière, des soldats s'apprêtent à combattre : le mot MILITEMVS forme la devise.

Le médaillon est entouré d'une bordure d'or & d'émail. En haut, un écusson surmonté d'une couronne émaillée de rouge & de blanc. L'écusson de droite est d'or au lion de gueules, celui de gauche est d'argent à l'aigle de gueules ; celui du bas, d'azur aux cinq alérions d'or. Un rubis, d'un ton très-clair, est suspendu au-dessous de ce dernier écusson.

Nº 3.

PENDANT en or émaillé enrichi de diamants & de rubis. — Sous un portique dont les pilastres sont formés de diamants en table sertis dans l'or, deux figures en ronde bosse semblent occupées à résoudre un problème. Vêtue d'une longue tunique, & tenant à la main un compas, une jeune femme — l'Architecture sans doute — se penche vers un homme qui porte une équerre. Ces figurines sont en or ciselé : les carnations sont émaillées, ainsi qu'une partie des vêtements. Les colonnes qui supportent l'arcade sont ornées de chapiteaux triangulaires, en diamant : de gros rubis forment les piédestaux. De chaque côté, en dehors des pilastres, sont des socles portant des vases en rubis avec un entourage d'or. Un fronton, dont le centre est orné d'un diamant, surmonte l'arcade : le petit monument est terminé par un culot avec trois rubis en pendeloques. Le revers du bijou représente une décoration architecturale formée de linéaments émaillés de rouge, de blanc, & de bleu grisâtre.

L'art italien nous a laissé peu de bijoux qui puissent être comparés à celui que nous venons de décrire. Il a fait partie de la collection Debruge-Duménil, vendue à Paris en 1849 (nº 992). Il est attribué à Benvenuto Cellini.

P. M.

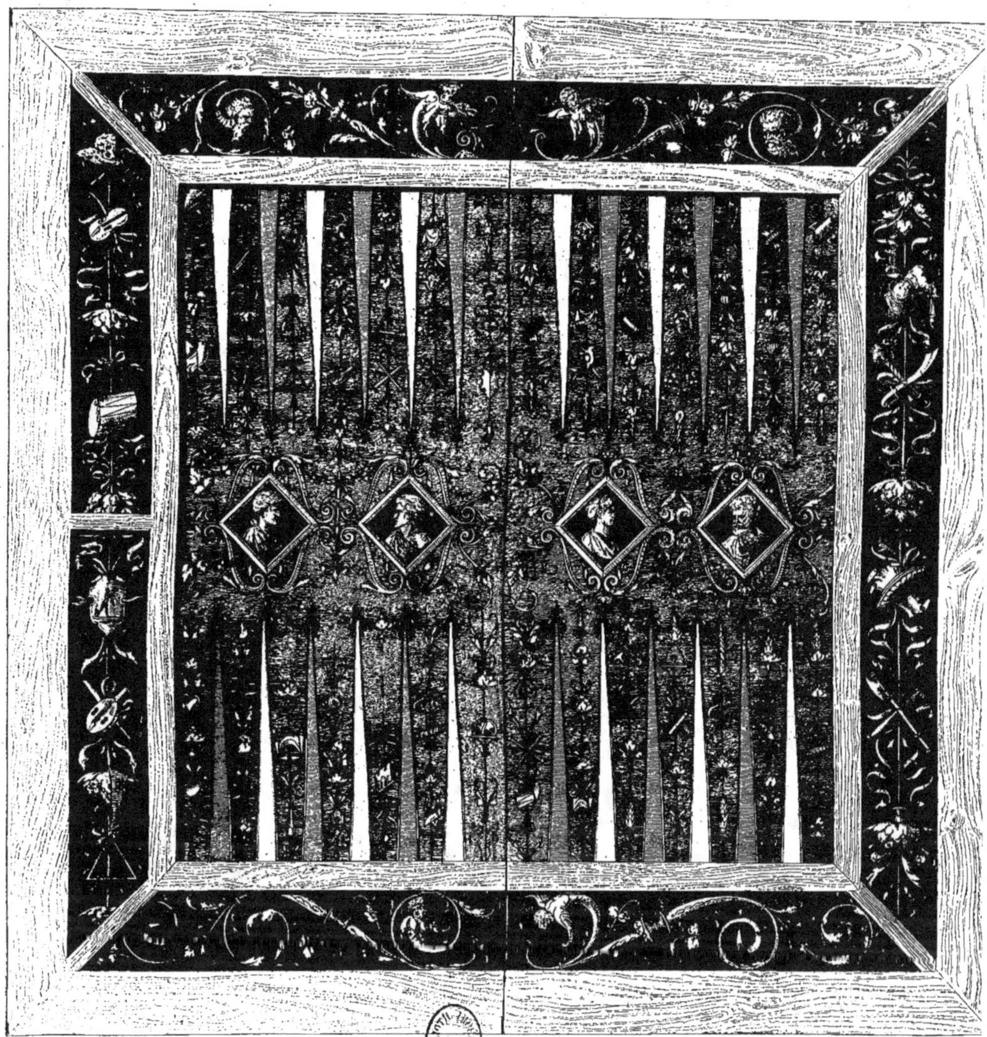

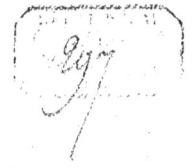

Imp.Delâtre,Paris.

TRICTRAC

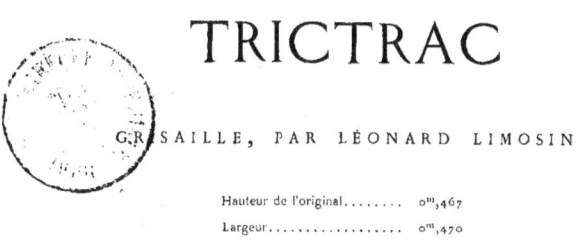

GRISAILLE, PAR LÉONARD LIMOSIN

Hauteur de l'original........ 0ᵐ,467

Largeur................. 0ᵐ,470

(*Musée impérial du Louvre*)

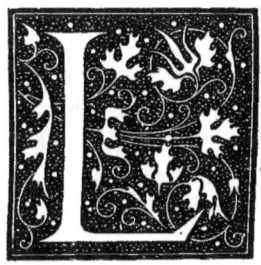

E trictrac n'est plus un jeu à la mode; il est pour beaucoup d'entre nous un souvenir d'enfance & c'est dans les recueils du siècle passé que nous en retrouvons l'histoire; que l'on ouvre le Diction-naire raisonné des sciences, des arts & des métiers (*Encyclopédie,* tome XVIᵉ), l'on y pourra voir une désignation qui concorde parfaitement avec l'objet élégant dont les planches 24 & 25 reproduisent les deux faces : « *Trictrac* est une sorte de tiroir brisé qui se ferme à la clé; le dessus forme un damier & le dedans ce qu'on appelle trictrac, dans lequel le tabletier a peint diverses fiches, pour servir au jeu..... » Nous y apprendrons en outre que les Grecs le nommaient διαγραμμισμός, que les Latins l'ont appelé *duodena scripta ;* que le διαγραμμισμός des Grecs n'avait que dix lignes & se jouait avec douze jetons, que les *duodena* des Latins étaient partagés par douze lignes & se jouaient avec quinze jetons ou dames.

Telle est encore la règle, telle elle était du temps du roi François Iᵉʳ.

Mais là n'est pas l'intérêt, il consiste à savoir que c'est sous cette forme d'une peinture en émail sur cuivre que les artistes du seizième siècle ont imaginé de composer un meuble qui fût d'accord avec l'aménagement des résidences de cette époque brillante; la bonne fortune a été qu'un émailleur habile ait exécuté cet objet unique, & un dernier bonheur, qu'il soit parvenu jusqu'à nous.

H. BARBET DE JOUY.

DESCRIPTION

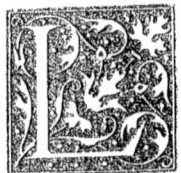ES plaques de cuivre peintes par Léonard sont posées sur une table de bois des Indes & ajustées dans des compartiments pratiqués pour les recevoir. Le trictrac est composé de deux parties égales, réunies par des charnières qui permettent de replier l'une sur l'autre : deux grandes plaques constituent le tablier, huit plaques plus étroites sont disposées sur le contour & décrivent une frise d'encadrement.

Le fond du tablier & de la frise est un bel émail dont la couleur verte, transparente & brillante, a l'aspect & l'éclat de l'émeraude. Les flèches sur lesquelles on place les dames, conformément aux règles du jeu, sont alternativement blanches & d'un vert pâle ressemblant à de l'ivoire teint. Entre les deux lignes de flèches, ce que les Latins nommaient la *linea sacra* est accusé par quatre petits bustes, renfermés dans des cadres en losange, se détachant en grisaille sur l'émail vert du fond. Les rinceaux & les trophées peints sur les frises sont tracés & modelés de même. Tous les autres motifs de l'ornementation ne sont que des traits d'or : telles sont les élégantes & délicates vignettes qui décorent les intervalles entre les flèches du tablier. L'on y reconnaît la main exercée d'un véritable artiste, l'on y admire le goût particulier au seizième siècle & l'on n'est point étonné de lire, sur une tablette, les deux lettres L L, qui sont la signature de Léonard Limosin ; sur une autre, la date 1537, vingt-deuxième année du règne de François Ier.

H. B. DE J.

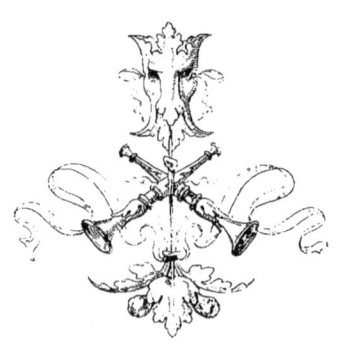

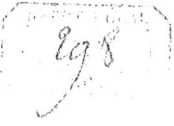

Imp.Delâtre, Paris.

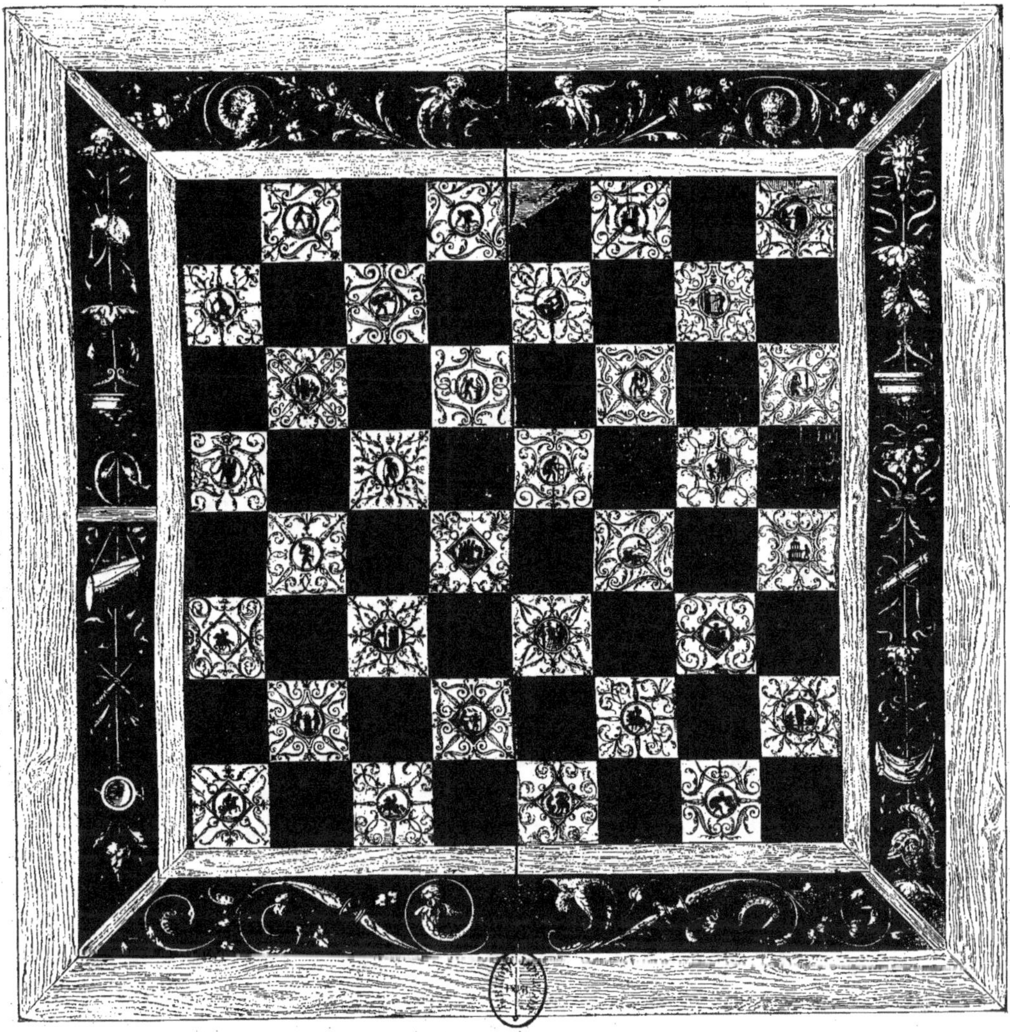

DAMIER

GRISAILLE, PAR LÉONARD LIMOSIN

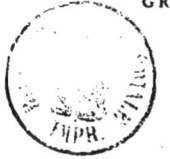

Hauteur de l'original ... 0ᵐ,467

Largeur............... 0ᵐ,470

(*Musée impérial du Louvre*)

ous avons dit, en parlant de la planche qui précède, que le damier lui faisant suite était l'une des faces & l'enveloppe du trictrac. Chacun des côtés complète l'autre & le peintre de Limoges n'a fait à cet égard qu'imiter les usages des tabletiers, en se conformant aux modèles dont on retrouve l'origine & les types dans les fabrications de l'Orient. Ce damier sert pour le jeu des dames françaises & pour les échecs; il a soixante-quatre carreaux ou cases.

Un damier en émail de Limoges était, avant l'acquisition de celui que possède aujourd'hui le musée du Louvre, un objet inconnu. La peinture émaillée sur cuivre a été appliquée à des emplois très-variés : tableaux de sainteté, compositions mythologiques, suites de portraits contemporains; plaques représentant les Dieux, les mois, les différents états; compositions originales, copies des maîtres italiens, reproductions des gravures qui ont popularisé leurs œuvres; voilà ce que nous voyons le plus souvent. Nous retrouvons ce qui était destiné à l'ornement des tables & des dressoirs : ce sont des plats, des bassins, des assiettes, des coupes, des aiguières, des salières, des chandeliers; puis, pour les usages domestiques, des cassettes, des boîtes, des écritoires; nous avons vu vendre une clepsydre; nous connaissons un cor de chasse sur lequel est peinte par un émailleur de Limoges la légende de saint Hubert. Un trictrac & un damier manquaient; l'un & l'autre réunis étaient dans le cabinet de M. le comte d'Arjuzon & lorsque, après la mort de cet amateur distingué, cet objet précieux fut, en 1852, mis en vente, M. le directeur général des Musées l'a fait acquérir pour le Louvre.

H. BARBET DE JOUY.

DESCRIPTION

 ES carreaux ou cases sont alternativement revêtus d'un émail vert translucide, ayant la couleur de l'émeraude, & d'un blanc opaque comme l'ivoire. Il n'y a de peintures décoratives que sur les carreaux blancs : elles sont enlevées avec une liberté & une adresse qui font le plus grand honneur à l'invention & au talent de Léonard Limosin. Toutes les petites figures que l'on voit ici, circonscrites dans un champ circulaire & occupant le centre des trente-deux cases, sont accusées avec du noir ressemblant à une encre peu épaisse ; elles sont des réminiscences de pierres gravées antiques; quelques-unes sont des copies libres, d'autres sont des compositions originales inspirées par une mémoire précise & féconde : d'une justesse charmante, d'une exécution facile & piquante dont la peinture sur émail n'offre pas d'autres exemples. Les légers détails d'ornementation qui entourent les petites figures sont légèrement tracés avec un ton d'or peu marqué qui laisse à celles-ci toute leur valeur & tout leur accent.

Les frises d'encadrement diffèrent peu de celles qui entourent le trictrac.

H. B. DE J.

HANAP ALLEMAND, XVIIᵉ SIÈCLE.
Collᵉⁿ de Mʳ le Baron J. de Rothschild.

Pl. 26.

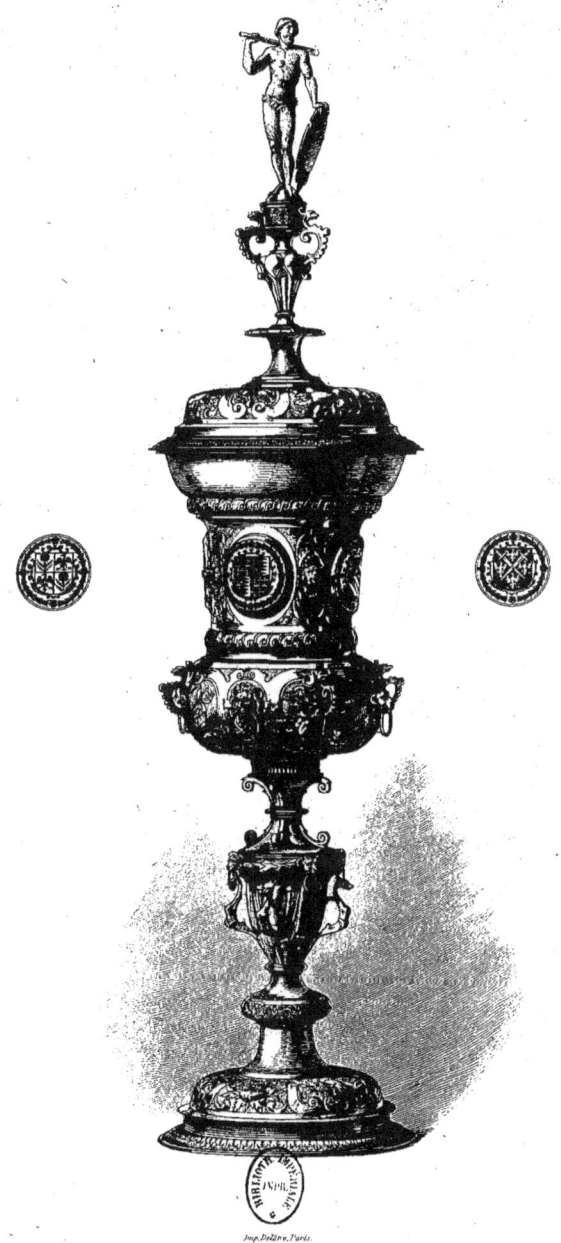

Imp. Delâtre, Paris.

HANAP ALLEMAND

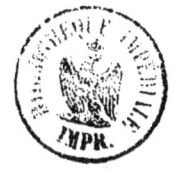

COMMENCEMENT DU XVIIe SIÈCLE

Hauteur de l'original. . . . 0^m,46

(Collection de M. le baron James de Rothschild.)

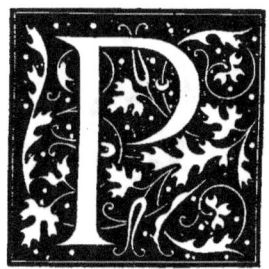

OUR des yeux habitués aux merveilles de l'art italien, les créations de l'orfévrerie allemande présentent presque toujours quelque lourdeur, des formes gonflées & redondantes, une élégance pénible & empêchée. Cette pureté de goût qu'on admire chez les artistes de l'Italie, ces libertés heureuses qu'ils ont montrées même dans la combinaison des motifs symétriques, les orfévres de l'autre côté du Rhin ne les ont point connues; & cependant l'orfévrerie allemande a les robustes qualités d'un art viril & convaincu. A une grande solidité d'aspect elle joint, dans son faste parfois un peu bizarre, un caractère sérieux & opulent qui s'harmonise on ne peut mieux avec tout ce qu'on sait de la vie magnifique & des somptueux festins auxquels les hauts barons rhénans conviaient les comtes palatins & les margraves.

L'auteur du hanap ou du vidrecome dont nous donnons la gravure est, à n'en pas douter, l'un des orfévres allemands qui ont le plus obéi aux lois de l'élégance. Quoique très-ornée, son œuvre est d'une simplicité relative, &, dans la sveltesse de son profil, elle se montre inspirée des grandes écoles. Mais cette pièce conserve le caractère allemand, par la largeur de l'exécution, comme par sa solidité & sa richesse. Dans sa forme générale &, pour ainsi dire, dans son architecture, elle reproduit un modèle qui, pour les vases de ce genre, a longtemps servi de type aux orfévres de la Renaissance. Nous datons cependant ce hanap des premières années du dix-septième siècle, & cette désignation n'est point arbitraire. Il existe en effet dans la collection de M. le baron James de Rothschild un autre vidrecome dont le style est à peu près le même & qui porte la date de 1603.

PAUL MANTZ.

DESCRIPTION

 ANAP en argent repoussé & doré. Au-dessus du couvercle, qui est orné de fleurs & de fruits, se dresse la figure, finement ciselée, d'un sauvage ou d'un de ces hommes à la peau velue qu'on rencontre si souvent dans les blasons allemands. Il porte un bâton sur l'épaule & s'appuie sur un écusson en forme de bouclier. La panse du vase est ornée de quatre médaillons circulaires renfermant des armoiries émaillées de diverses couleurs, & qui alternent avec des têtes d'animaux en saillie. Quatre mufles de lions portant des anneaux & quatre petites consoles découpées décorent la partie inférieure du hanap. Des têtes de béliers portant aussi des anneaux se détachent en relief autour du renflement de la tige. Un ornement, composé, comme celui du couvercle, de fleurs & de fruits enlacés, enrichit le pied du vidrecome.

A l'intérieur, le vase porte une marque un peu fruste, formée d'un D, d'un M, & d'une autre lettre indistincte.

P. M.

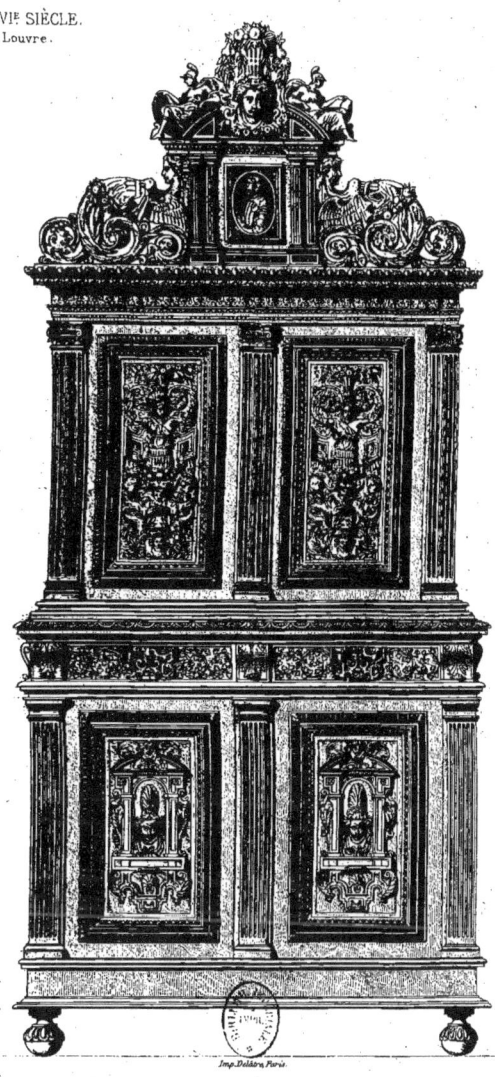

Imp. Delâtre Paris.

300.

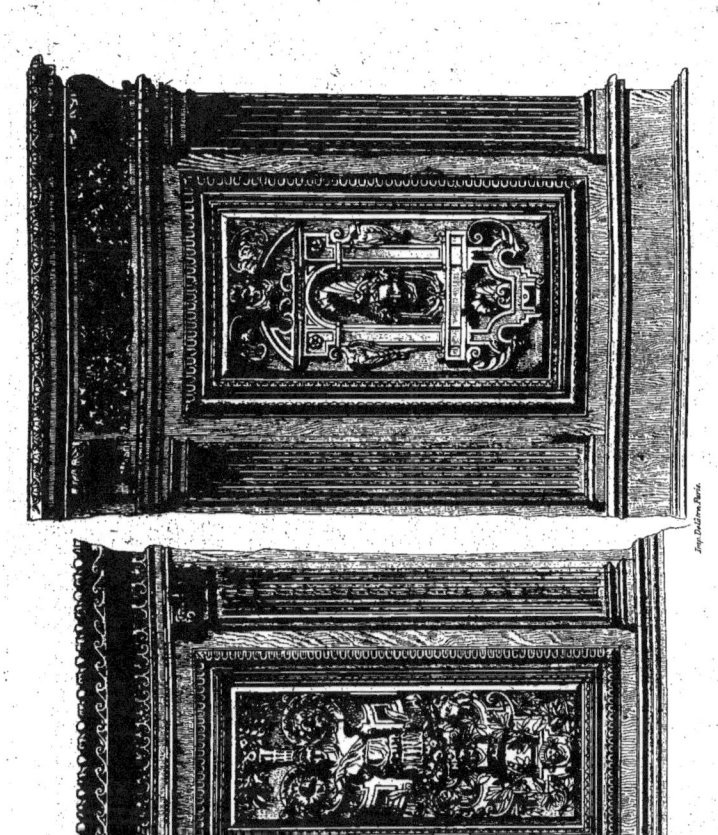

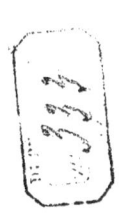

CABINET

NOYER. —— TRAVAIL FRANÇAIS, XVIᵉ SIÈCLE

Hauteur de l'original..................... 2ᵐ,720
Largeur............................. 1ᵐ,240

(Musée Impérial du Louvre.)

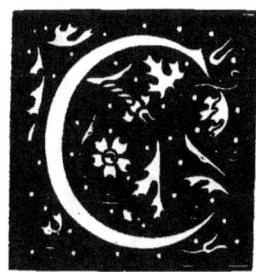

E meuble, remarquable autant par ses belles proportions architecturales que par la finesse de son exécution, a complétement changé de physionomie par l'importante restitution qu'il a reçue dans ces derniers temps.

Lorsque feu Revoil, amateur passionné des objets d'art des quinzième & seizième siècles, acquit ce meuble (1), le fronton manquait. Ne pouvant laisser un tel chef-d'œuvre incomplet, l'antiquaire profita de ce malheur pour lui assigner une provenance royale en remplaçant le fronton perdu par un autre, au centre duquel il plaça, de son autorité privée, l'H & le C, emblème de Henri II & de Catherine de Médicis.

Grâce à ce double monogramme, & malgré l'anomalie flagrante qui existait entre le travail ancien & le nouveau, & plus encore malgré l'absence totale soit d'emblèmes, soit même de fleurs de lis pouvant lui assigner une provenance royale, car il est à remarquer qu'il ne s'en trouve aucun sur la partie authentique du meuble, ce cabinet, sur l'autorité du nom de Révoil, fut connu sous le nom de cabinet de Henri II, désignation qu'il conserva jusqu'au jour où, par un heureux hasard, M. le comte de Nieuwerkerke apprit (1864) que le fronton original se trouvait en la possession d'un amateur de Paris.

Savoir où il était, c'était l'acquérir; & en effet, ce meuble tronqué

(1) La totalité de l'immense collection de feu Revoil fut acquise et donnée au Musée du Louvre par le roi Charles X en 1828.

pendant près d'un demi-siècle, est reconstitué aujourd'hui presque dans son intégrité première, car une seule partie de détail reste encore à trouver, nous voulons parler du sujet (un portrait sans doute) qui était contenu dans le centre du cadre du fronton.

Ce vide nuisant à l'harmonie générale, M. le comte de Nieuwerkerke y a fait placer un émail représentant Henri II. Si ce portrait ne doit pas être considéré comme attribution royale, il indique au moins d'une manière précise l'époque d'un meuble qui, s'il perd aujourd'hui sa fausse provenance royale, n'en reste certes pas moins un des plus splendides spécimens de l'ébénisterie du seizième siècle.

Pour mettre à même d'apprécier la finesse & le goût de l'ornementation, nous donnons une planche des détails représentés sur les panneaux.

A. SAUZAY.

DESCRIPTION

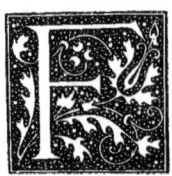 RONTON à cadre carré & cannelé, surmonté d'un arc brisé ayant à son milieu, & entre deux figurines casquées, *une tête de femme portant une corbeille de fruits.* Au centre du cadre, le portrait de Henri II en émail de Limoges, par Léonard Limosin. De chaque côté de l'émail, *deux sirènes adossées,* dont le corps est terminé par des enroulements. Sur la partie du milieu, décorée de trois pilastres à chapiteaux corinthiens, deux vantaux ornés chacun *d'une figurine de femme portant sur la tête une haute corbeille de fleurs & de fruits.* Leurs bras sont terminés par un enroulement de branches d'arbres. Sur les deux vantaux du bas, deux frontons à arc brisé, rappelant celui de la partie supérieure. Au milieu de chaque arc, *une tête d'ange ailé,* & au-dessous *une tête de femme surmontée d'une palmette.* Sur les deux côtés du meuble, un dessin d'arabesques en très-forte saillie.

A. S.

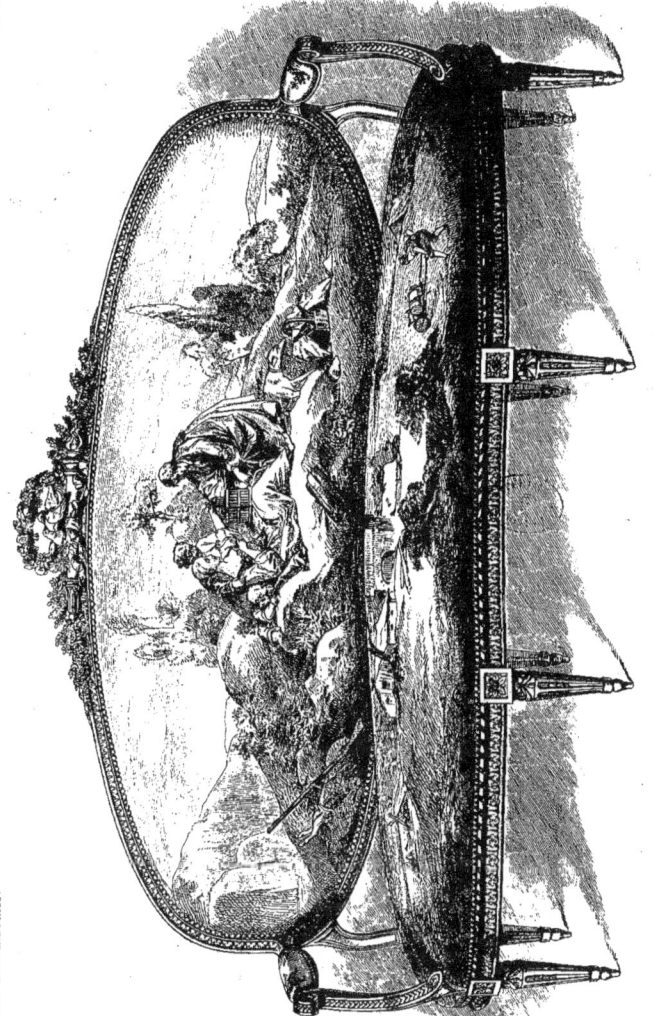

CANAPÉ XVIII.ᵉ SIÈCLE.
Collⁿ de Mᵉ L.Double.

Imp.Dichlès,Paris.

CANAPÉ

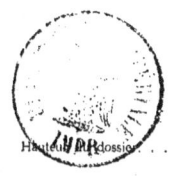

XVIIIe SIÈCLE

Hauteur du dossier . . . o^m,85 — Longueur. . . 2^m — Largeur du siège. . . o^m,80

(Collection de M. Léopold Double.)

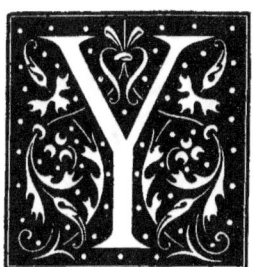

Y AVAIT-IL autre qu'une aristocratie sûre de ses priviléges & maîtresse de la permanence de la fortune par le droit d'aînesse, qui pût subvenir au luxe des tapisseries de haute & basse lisse dont il nous est parvenu de si superbes échantillons? Un ameublement valait le prix d'une ferme. Vers 1675, les tentures de l'*Histoire du Roy,* d'après Charles Lebrun, revenaient, aux Gobelins, à 2700 livres l'aune carrée, soit 1915 francs le mètre. Et cependant, lorsque l'on réfléchit à la quantité des tentures, des tapis, des meubles qui ont résisté depuis le xviie & le xviiie siècle à l'usage, au temps, à la mode, à la dent des rats, il devient évident que les manufactures royales des Gobelins & de la Savonnerie n'étaient point, comme aujourd'hui, des manufactures d'État n'exécutant que des travaux impériaux ou diplomatiques.

En 1765, Boucher succéda à Oudry comme surinspecteur aux Gobelins. « En vous donnant cette place, lui écrivait son protecteur tout-puissant, M. de Marigny, je compte sur vos ouvrages & aussi que vous les verrez exécuter avec plus de précision qu'ils ne l'ont été ailleurs. » Cet « ailleurs » voulait dire « à Beauvais ». C'est donc sous les yeux du maître que furent tissés les canapés & les fauteuils qui ornent actuellement l'un des salons de M. L. Double. Ces canapés offrent, dans de longs ovales, des pastorales peintes dans les tons les plus tendres, & qui ont cette fraîcheur languissante & voilée des divinités d'opéra & des bergères qui minaudent dans les pastels du temps.

Il est probable que Boucher dessina aussi les bois dorés qui servent de cadre & de chevalet à ces fraîches compositions. A cette époque d'intelligente protection, la manufacture des Gobelins centralisait ces industries de haut luxe dont l'accord parfait forme la symphonie du mobilier : la broderie & la mosaïque, l'ébénisterie, la sculpture en métal ou en bois. C'est ainsi qu'un meuble s'élevait par l'unité de composition & d'aspect à la hauteur d'une œuvre d'art. Si le siége d'un canapé racontait, comme celui qui accompagne ces lignes, les « Travaux de la ferme, » le dossier, dans un joli style à double entente, en chantait les Délassements & les Plaisirs; &, au-dessus de « l'Oiseau mis en cage, » les tourterelles se becquetant dans une couronne de roses piétinaient le myrte de l'Amour & le flambeau de l'Hyménée...

PH. BURTY.

DESCRIPTION

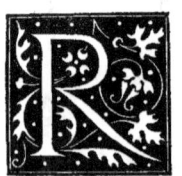 AREMENT l'art du tapissier & du sculpteur d'ornements s'est montré aussi fin, aussi sobre que dans la période du règne de Louis XV, à laquelle appartient la monture de ce canapé. C'est, en même temps qu'un siége des plus commodes, un meuble des plus solides. Les pieds sont intacts. Pas une perle des bordures ne manque.

On sent que Boucher n'avait d'autre préoccupation que de peindre d'agréables tableaux, substituant ainsi la palette libre aux règles décoratives plus étroites de ses prédécesseurs. Les tons qu'il faisait dominer étaient si fins & si clairs que les teinturiers ne purent obtenir des laines suffisamment solides, & que, sous ses yeux mêmes, au bout de peu d'années, l'air & la lumière les avaient déjà altérés. C'est Boucher aussi qui fit triompher le système de la traduction littérale de la nature. Système bien inférieur à celui des Orientaux, qui se contentent de méandres ou de figures de fantaisie. En effet, il est illogique de s'asseoir sur un pigeonnier & de s'adosser à un panier plein de provisions.

Le meuble complet se compose de trois canapés & de douze fauteuils. Il a été acheté à Lyon. Il ne porte pas de signature. Les tentures seules portaient dans la bordure ou dans le champ le nom du chef d'atelier & l'année de la fabrication.

PH. B.

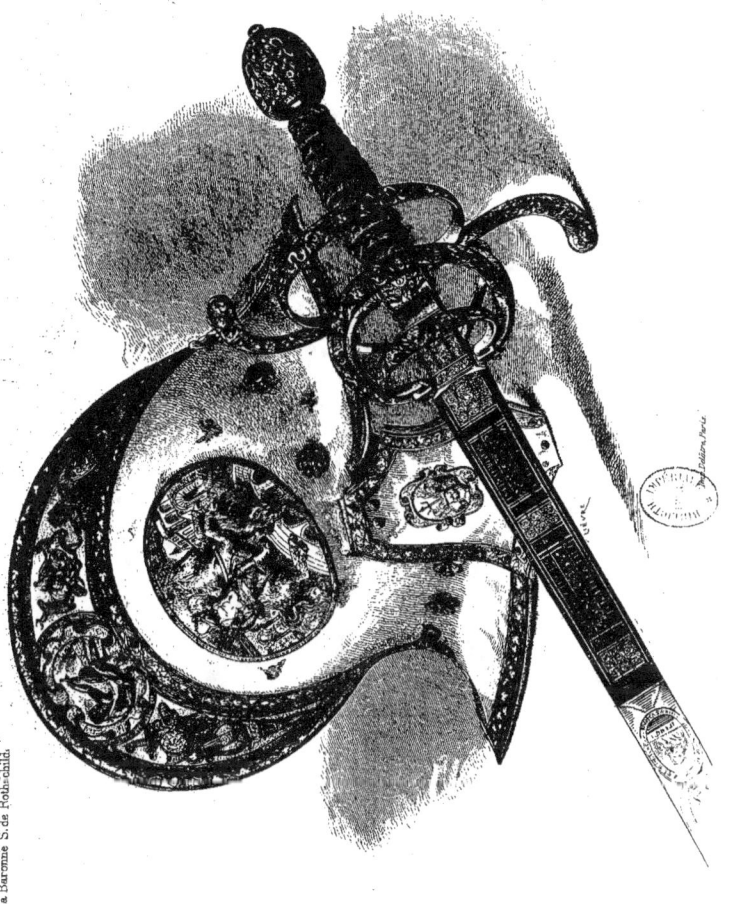

CASQUE

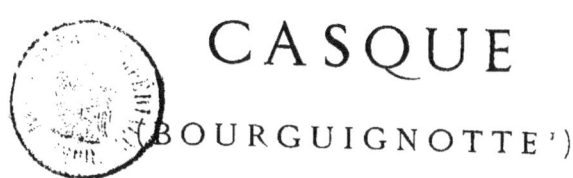

(BOURGUIGNOTTE[1])

FER REPOUSSÉ. — TRAVAIL ITALIEN, XVIᵉ SIÈCLE

Hauteur de l'original........... 0ᵐ,31
Largeur................. .... 0ᵐ,24

(Collection de Mᵐᵉ la baronne Salomon de Rothschild.)

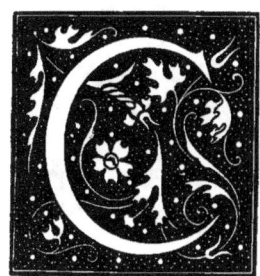

E genre de casque, appelé par les Italiens *secreta di picchiere* (secrette de piquiers) était la coiffure de la cavalerie légère & d'une partie de l'infanterie au xvıᵉ siècle & au commencement du xvııᵉ.

On le fabriquait « ouvert, avec ou sans crête, visière ou umbril fixe en avant–toit, couvre–nuque fixe ou mobile, oreillettes ; quelquefois le visage est couvert par un masque mobile, ou une barre verticale, qui traverse la visière, & est maintenu par une vis & un écrou fixés au timbre. » C'est ainsi que le décrit le président Fauchet dans son livre sur la Milice.

La bourguignotte était parfois compliquée dans son usage de bataille par l'addition d'une bavière ou gorgerin à mentonnière. Cette pièce, se combinant avec les oreillettes, le garde-nuque & le frontail, présentait une défense presque aussi complète que celle de l'armet (*casque fermé*).

La forme de la bourguignotte fut, au xvıᵉ siècle, particulièrement adoptée par les Italiens forgerons & repousseurs de casques de parement. Souvent ils la façonnaient en se restreignant dans les

---

(1) « ... possible, à cause des Bourguignons inventeurs », définition de Fauchet (*de la Milice et Armes,* etc.)
— (Bourguignotte) *Dictionario Italiano-Francese,* par Nathanael Duez.

lignes de sa silhouette ordinaire, représentant dans cette donnée d'ensemble des têtes de lions ou de chimères à gueules béantes, ou bien encore de grands feuillages qui enveloppaient la tête de leurs enroulements, les oreillettes formant alors partie intégrante du motif de la composition.

ÉDOUARD DE BEAUMONT.

DESCRIPTION

 EUVRE italienne de la plus élégante forme qui se puisse voir pour ce genre de casque : la crête, les médaillons des faces latérales du timbre & la bande d'entourage qui sertit l'umbril, les oreillettes & le garde-nuque, sont enrichis de rinceaux, de trophées & de sujets allégoriques repoussés, ciselés, dorés en partie & finement damasquinés sur fond de fer légèrement bleui.

Le timbre, ainsi que les oreillettes, est recouvert, dans les parties unies, d'applications en velours de couleur tannée, qui cernent les principaux motifs d'ornements.

Les gardes de l'épée reproduite auprès du casque que nous venons de décrire sont de travail allemand, XVIIe siècle, incrustées d'argent rapporté & ciselé sur fer noir.

E. DE B.

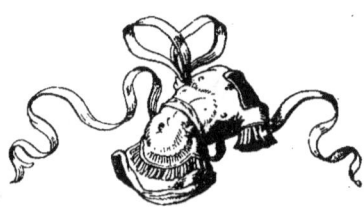

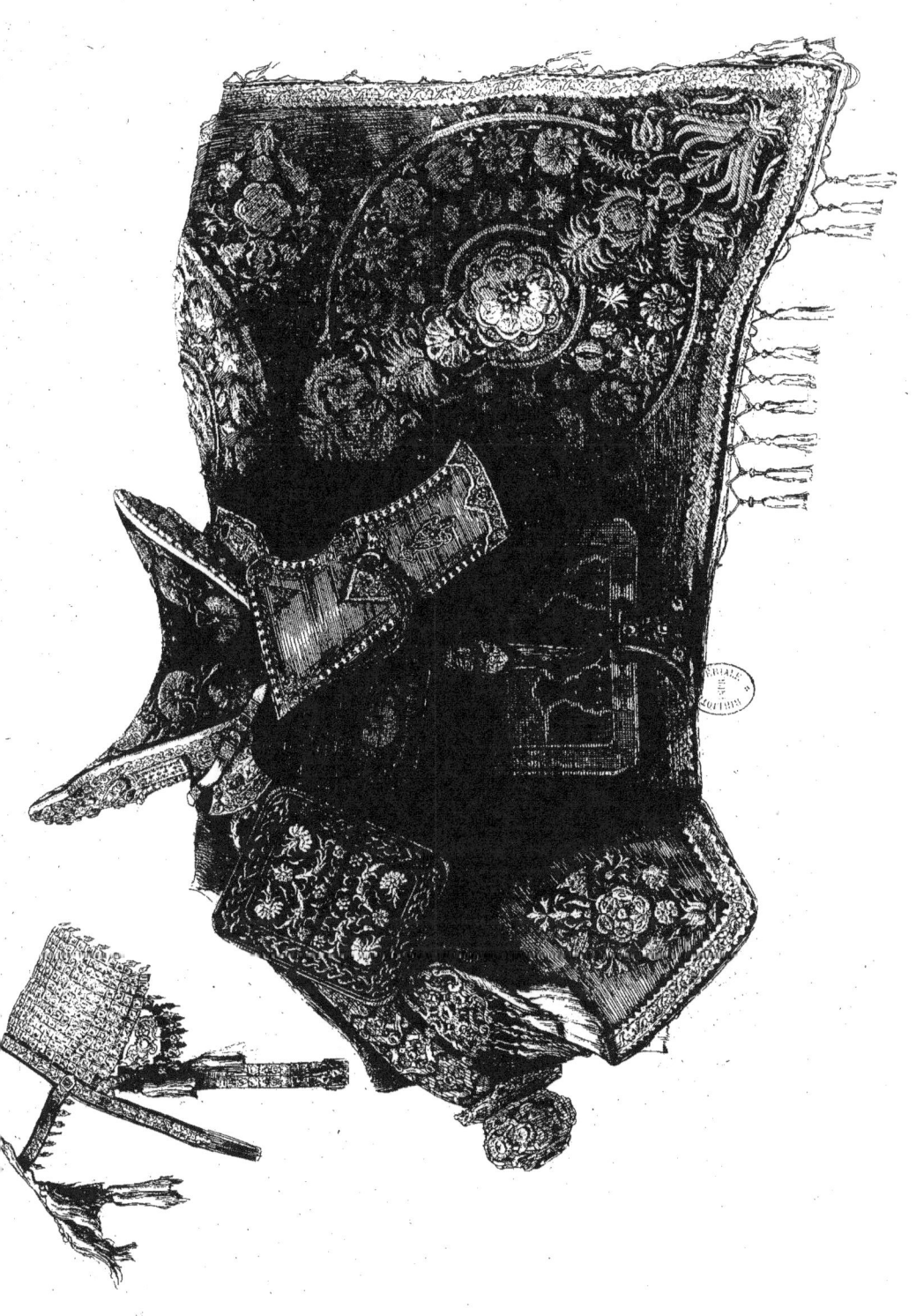

la Pologne est entourée étaient alors beaucoup moins avancés. Les Russes étaient encore tout à fait barbares, & les Allemands du Nord n'avaient encore qu'un art naïf & grossier, bien loin de ce fini & de ces délicatesses.

On pourra consulter, pour plus de détails dans les harnais, une grande gravure d'Étienne Della-Bella, représentant l'entrée à Rome d'Ossolinski, cet ambassadeur polonais qui, dit-on, avait fait ferrer en argent les chevaux des hommes de sa suite, & s'était arrangé de façon à ce que les fers se détachassent & se perdissent dans le trajet.

On les retrouve également dans un livre publié à Stockholm en 1672, représentant un carrousel donné dans cette ville à l'avénement de Charles XI, roi de Suède, où se trouve une série de gravures représentant un quadrille polonais.

Les grands seigneurs polonais étaient alors presque toujours accompagnés d'une garde appelée tartare, armée de carquois. Un de ces carquois, provenant comme la housse de la famille Sieniawski, est appendu à la selle.

DESCRIPTION

 A selle est en velours rouge avec broderies en or. Les rebords extérieurs, en avant & en arrière, sont recouverts d'une petite plaque d'argent doré où sont incrustés des turquoises & des morceaux de jade ornés de rubis. Le poitrail, qui tient à la selle & la têtière, représentée en haut de la gravure à gauche, sont en argent doré repoussé. Les fontes sont en cuir ordinaire & couvertes d'un carré de velours rouge, brodé comme la selle. Les étriers sont ornés de morceaux de jade incrusté de rubis.

La housse, ou chabraque, est en drap rouge, brodé or & argent, avec des ornements de corail. Le dessin des broderies est remarquable & tout européen. Sous l'étrier, & comme en prolongement des quartiers de la selle, se trouve un morceau de cuir vernis doré & peint pour garantir les jambes du cavalier de la transpiration du cheval.

Les franges, dont il reste quelques vestiges à l'arrière de la housse, étaient en soie avec des boutons de corail, comme celles de la têtière & du poitrail.

Le carquois est en cuir ordinaire, orné de petites plaques en travail de filigrane d'argent doré & incrustées de turquoises.

SELLE POLONAISE

FIN DU XVIIᵉ SIÈCLE

Longueur........................... 0ᵐ,60

(Collection de M. le prince Czartoryski.)

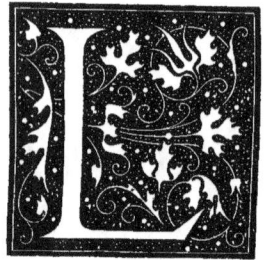

A selle proprement dite & les fontes ont appartenu au prince Georges Lubomirski, grand maréchal de la couronne de Pologne (1650-1665), célèbre par ses victoires sur les Turcs & les Cosaques, sous le règne de Ladislas IV, & surtout à cause de la part glorieuse qu'il prit à la guerre contre les Suédois, sous Jean-Casimir. Rebelle plus tard & vainqueur des troupes royales, le prince Lubomirski se repentit, fit sa soumission, obtint le pardon de son roi, & s'exila volontairement en Silésie, où il mourut à Breslau, en 1666.

La housse ou chabraque a appartenu au connétable Nicolas-Jérôme Sieniawski, palatin de Wolhynie, qui, outre ses faits d'armes contre les Tartares, se distingua sous Jean Sobieski à la délivrance de Vienne en 1683, & mourut en 1684. Sa petite-fille Sophie, dernière de sa race, épousa le prince Auguste Czartoryski, palatin de Russie, & apporta dans cette famille ce souvenir.

Les riches seigneurs polonais de l'époque déployaient un grand luxe en toute chose, &, chez cette « nation à cheval, » cette magnificence devait surtout s'attester dans les ornements qui complètent pour ainsi dire la parure du cavalier. Il y a dans ce splendide harnais quelque chose d'oriental qu'expliquent les fréquents rapports de la Pologne avec l'Orient. Mais la selle diffère essentiellement des selles turques; &, dans l'ensemble, dans le dessin des ornements, il y a un goût, une harmonie, une science du dessin qui annoncent un art & une civilisation beaucoup plus avancés.

Ces qualités sont d'autant plus remarquables, que les peuples dont

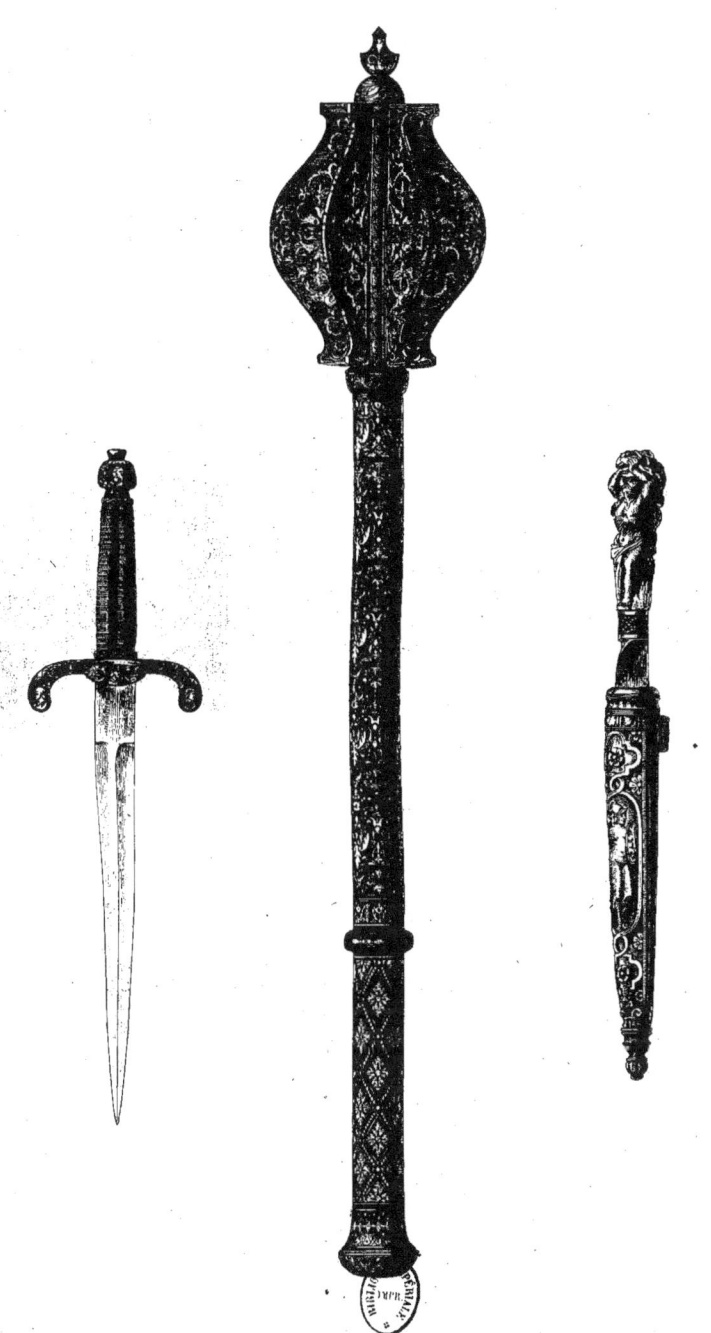

MASSE D'ARMES

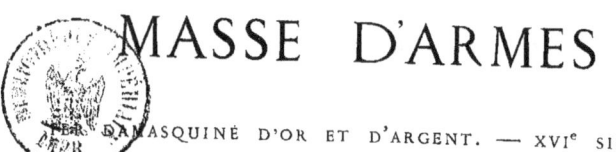

DAMASQUINÉ D'OR ET D'ARGENT. — XVIe SIÈCLE

Longueur. . . . . o^m,56

(Collection de M. Spitzer.)

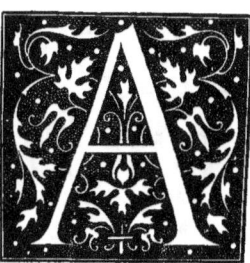

U septième livre de l'*Iliade,* il est question d'une massue de bronze.

De cette arme des temps héroïques dérive la masse d'armes des siècles chevaleresques. Donnée comme insigne de leur charge aux sergents, gardes de la personne royale, sous Philippe - Auguste & Louis IX, elle fut depuis, bien encore après le moyen âge, le bâton de guerre supplémentaire de l'homme d'armes.

Elle était surtout usitée dans les mêlées des joutes & des batailles. On en fabriquait parfois de fort pesantes : il est parlé, dans la chronique du combat des Trente, d'une masse ou plombée du poids de vingt-cinq livres.

Les masses d'armes de parement ou de tournoi, plus légères & mieux décorées que celles qui servaient pour la guerre, furent souvent de provenance sarrazine, turque ou asiatique, leur forme & leur mode venant du levant ou de l'orient & ayant été importées en Europe par le retour des croisés.

Eustache Deschamps (quatorzième siècle) cite les fléaux & les masses de Damas : les Stradiots ou Albanais, milice irrégulière au gage de la république de Venise, & plus tard au service de la France jusqu'au règne de Henri III, avaient pour arme d'adoption constante la masse d'armes à la *hongresque* ou à la *turquesque,* qu'ils suspendaient à l'arçon gauche de la selle.

L'usage de cette arme, conservé par le luxe militaire de la renaissance, semble s'être très-amoindri vers 1560; on fabriquait encore cependant des masses d'armes « fort curieusement enrichies d'incrustations ou de damas-quinures à l'orientale ou à la persienne. »

Telle est celle que nous allons décrire & que représente la planche suivante.

ÉDOUARD DE BEAUMONT.

DESCRIPTION

 EUVRE de fer à six ailerons, toute damasquinée. Son bâton de monture, façonné en poignée vers la partie inférieure, est orné de feuillettes d'or lozangées, comme le treillage, de points d'argent pris entre deux filets, qui les encadre.

Le bas de la hampe qui surmonte cette poignée, percé de part en part pour le passage d'un cordon de suspension, est recouvert de jolis fleurons d'argent enlacés à des nielles d'or.

Les mêmes motifs de damasquine se répètent sur les parois des tranches d'acier qui forment la découpure saillante de la masse.

La petite daguette que représente la gravure, à gauche, est finement incrustée d'ornements & de médaillons repris au ciselet, sur des fonds pointillés de fer bruni.

Sa longueur totale est de 30 centimètres.

La gravure opposée à celle-ci donne l'ensemble d'un petit *tranchoir* d'acier à monture et à fourreau d'ivoire. Sa hauteur, tout engaîné, est de 24 cent. 1/2. Le manche sculpté de ce couteau est formé par une figurine d'homme qu'un lion semble vouloir dévorer. Sur le devant de la gaîne, encadrée par des entrelacs à bandes méplates, se trouve une figure de Pallas toute nue, armée de son égide & de sa lance.

É. DE B.

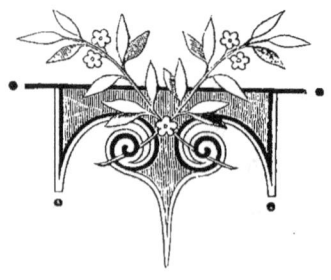

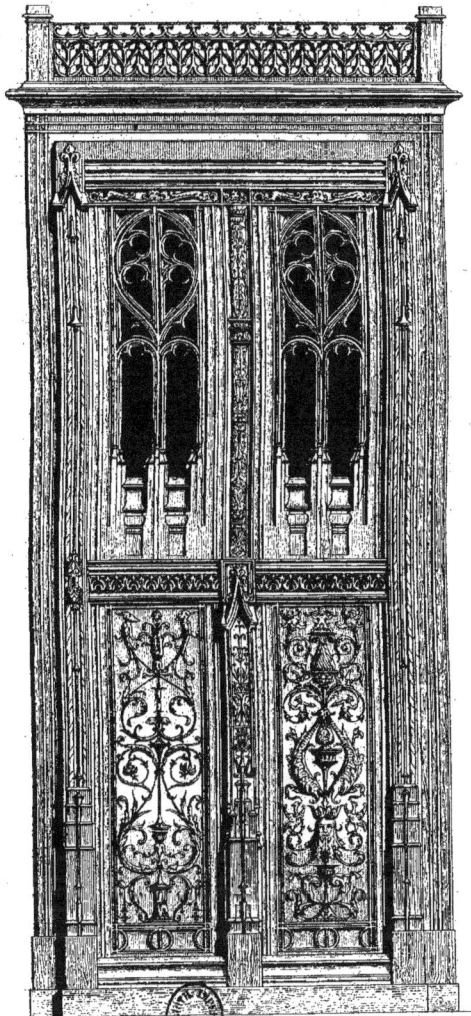

LIÈVRE

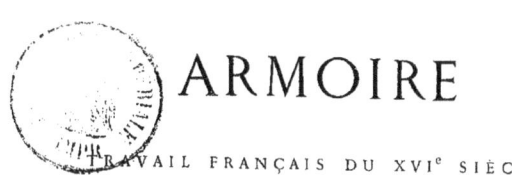

ARMOIRE

TRAVAIL FRANÇAIS DU XVIᵉ SIÈCLE

Hauteur de l'original.... 2ᵐ,54
Largeur............... 1ᵐ,15

(*Musée impérial du Louvre.*)

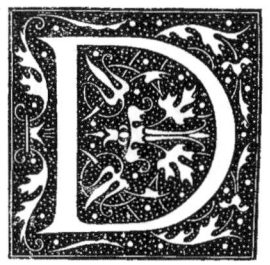 IRE que ce meuble si élégant de forme & d'une décoration tout à la fois si riche & si sobre est un des très-rares spécimens des somptuosités artistiques qui décoraient le château de Gaillon, dont il ne reste plus, à peu de chose près, que le nom, c'est assurément appeler sur lui, sur son habile architecte & surtout sur son illustre fondateur toute l'attention du lecteur.

Frappé des charmes du style italien dont il avait été à même d'apprécier toute l'élégance dans les deux voyages qu'il fit à la suite de Louis XII, Georges d'Amboise obtint du roi d'appeler en France le plus habile architecte de cette époque, Fra Giovanni Giocondo (Jean Joconde), que Vasari nomme « *uomo rarissimo e universali.* »

Après avoir exécuté plusieurs travaux importants en France, Georges chargea Joconde de la construction du château de Gaillon; mais si on rapproche l'époque à laquelle cet architecte fut rappelé dans sa patrie de la date de la construction de ce palais que Georges appelait modestement sa *villa*, il paraît presque certain que Joconde ne put que donner des plans qui furent exécutés par les artistes si éminents alors de l'école de Rouen.

Dans l'ensemble si harmonieux de ce meuble, une seule chose étonne : la dissemblance de dessin des deux panneaux inférieurs.

Suivant M. Du Sommerard père (1), cette « monstruosité ne peut « être attribuée qu'à une confusion involontaire faite par les ouvriers. »

(1) *Les Arts au moyen âge.* t. I, p. 414

Deux raisons nous font repousser l'opinion émise par le savant antiquaire : d'abord le soin minutieux que les ouvriers d'alors, je devrais dire
les artistes, apportaient dans leurs productions ; puis le goût éclairé des
acheteurs, qui, certes, à aucune époque, n'auraient accepté des meubles aussi
légèrement faits.

Nous pensons donc que ce qui paraît aujourd'hui une anomalie était,
à cette époque, non une *confusion involontaire*, mais bien au contraire une
fantaisie de l'artiste.

A. SAUZAY.

DESCRIPTION

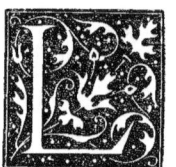 A partie supérieure de ce meuble est surmontée sur trois côtés d'une
galerie à jour, dont la partie de face est enclavée entre les extré-
mités de deux montants qui, faisant chambranle de la porte, servent
à assembler les panneaux latéraux de l'armoire.

A droite & à gauche de ces derniers, deux contre-forts surmontés de moulures formant frontons à crochets.

Les deux panneaux supérieurs de la porte se composent d'un réseau à jour de
style flamboyant.

A. S.

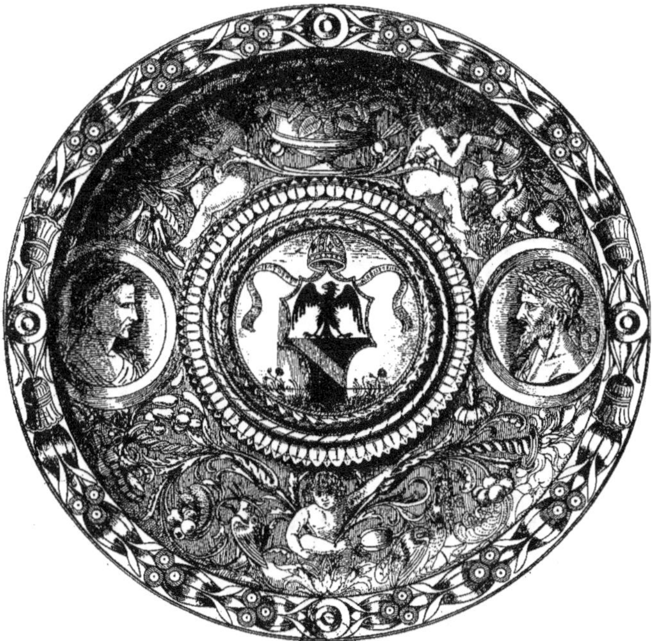

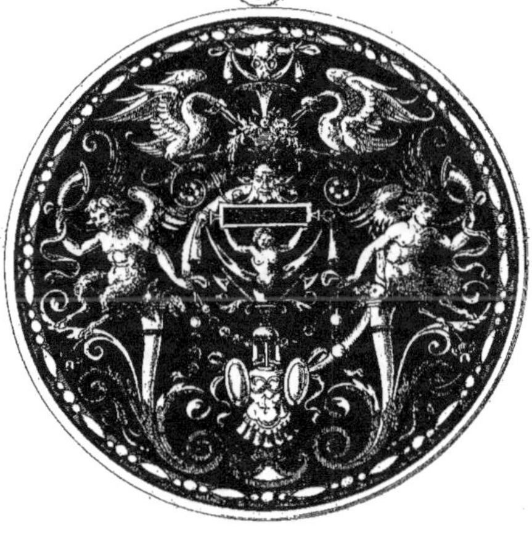

Imp Delâtre, Paris

PLAT ET ASSIETTE

FABRIQUE DE CHAFFAGIOLO

Plat à ombilic. . . . . . . D. 0ᵐ,352
Assiette . . . . D. 0ᵐ,235

(Collection de M. le Comte de Nieuwerkerke.)

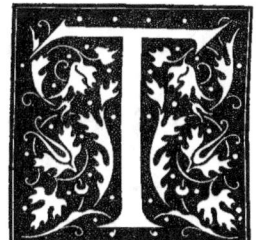 OUCHANT à l'art par tant de côtés qu'elle en est parfois l'expression la plus sincère, la céramique ne pouvait être négligée à Florence, tandis qu'elle était pratiquée avec éclat dans une foule d'autres villes qui furent loin de jouer dans l'histoire de la Renaissance le rôle qu'y remplit la cité des Médicis. Aussi est-il reconnu aujourd'hui que les ducs de Florence possédèrent dans leur villa de Chaffagiolo un atelier d'où sont sorties une quantité de pièces magnifiques que l'on était jusqu'ici accoutumé d'attribuer aux ateliers des Marches.

Un sigle formé d'un P barré, qui, dès les commencements jusqu'aux dernières années du seizième siècle, se trouve sous un certain nombre de pièces où il accompagne le nom de *Chaffagiolo*, sert à signaler des types auxquels on se reporte pour reconnaître tous les autres produits du même atelier. Quant à l'histoire de cet atelier, elle n'est jusqu'ici inscrite que sur les faïences qui ont fait connaître celui-ci, & aucun document n'est encore venu apporter de lumières sur ses origines, ses développements & sur les artistes qui y ont travaillé.

ALFRED DARCEL.

DESCRIPTION

A-T-IL des caractères propres aux faïences fabriquées à Chaffagiolo, & qui puissent les distinguer sans conteste?

La charmante assiette qui appartient à M. le comte de Nieuwerkerke peut aider à résoudre cette question, car elle est un type pour les commencemnts du seizième siècle. Outre qu'elle porte au revers le sigle spécial à la fabrique, elle présente dans son décor des particularités typiques. D'abord les grotesques d'un si grand goût, qui sont symétriquement distribués sur la pièce, s'enlèvent en clair sur un fond bleu lapis appliqué au pinceau d'une façon assez négligée & brutale. Puis certaines parties des ornements, comme la tablette portée par la petite caryatide centrale, comme les perles du chapelet soutenu par les deux satyres,... sont réchampies en un certain rouge inconnu dans les autres ateliers italiens & que nous ne trouvons que sur les pièces de Chaffagiolo.

Tous les ornements de cette assiette sont dessinés en bleu lapis & modelés de même dans l'ombre, avec quelques rehauts de bistre jaune clair dans les carnations, d'orangé, de vert clair & de jaune dans les simples ornements. Les olives du bord sont en réserve sur fond orangé; l'ourlet est jaune.

Le plat offre des caractères moins tranchés; cependant les têtes d'empereurs qui le décorent se retrouvent presque identiques sur des pièces signées; puis le revers, orné d'anneaux jaunes alternant avec de nombreux filets bleus, est identique avec celui de la plupart des pièces authentiques. Un grand monogramme formé des lettres C.B. accolées est tracé en bleu au centre de ce revers.

Le trait est bleu pâle; tout l'ornement, qui est d'une abondance & d'une ampleur peu ordinaires, est en réserve, modelé également en bleu pâle sur un fond orangé. Quelques touches de vert pâle & de jaune réveillent les draperies & les fruits. Les armoiries, qui sont « coupé, d'or à l'aigle de sable, & d'azur à la bande d'or », sont celles de la famille Condulmeri de Venise. La mitre qui leur sert de cimier indique que ce plat a été décoré pour quelque évêque de cette famille, à laquelle appartenait le pape Eugène IV au quinzième siècle.

A. D.

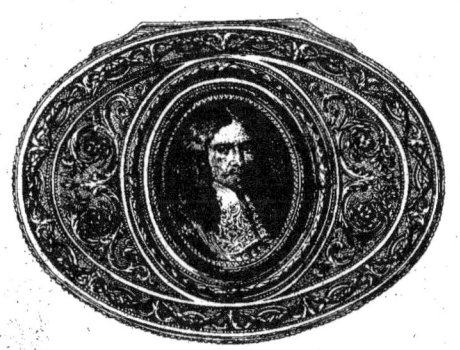

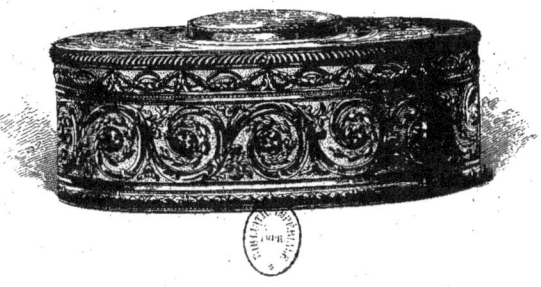

Imp. Deblord, Paris.

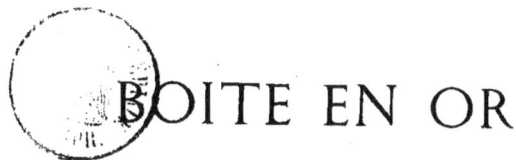

BOITE EN OR

AVEC ÉMAIL DE PETITOT

XVIIIe SIÈCLE

Diamètre en longueur, o^m,85, et en largeur, o^m,64 — Hauteur des côtés, o^m,32

(Collection de M. Léopold Double.)

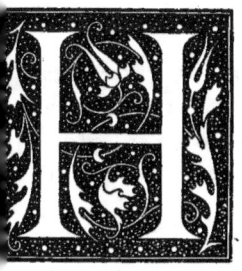

ENRI DE LA TOUR D'AUVERGNE, vicomte de Turenne, pouvait toucher à la cinquantaine au moment où Petitot peignit le portrait qui orne le dessus de cette boîte à tabac si précieusement ciselée. C'est bien la figure mâle & intelligente du héros qui, à treize ans, combattait sous les yeux de Maurice de Nassau, & à trente-deux ans était maréchal de France. La perruque blonde le rajeunit, mais la moustache & la mouche, blondes aussi, grisonnent déjà & trahissent le poids des fatigues de la guerre. La physionomie est très-sérieuse; les sourcils qui se rident lui donnent une expression sourdement ennuyée que ne dément pas le regard énergique & habitué à dominer les hommes & les choses. Quel souvenir, quel projet s'agite sous ce beau front? Le souvenir vivant & amer de Mme de Longueville ou les incertitudes de l'abjuration prochaine?

Cet émail est un des chefs-d'œuvre de Jean Petitot. Il dut le peindre dans toute la force de son talent, une dizaine d'années après son retour d'Angleterre, qui fut déterminé, en 1649, par la mort tragique de Charles Ier. Petitot appartenait à la religion réformée : peut-être, après la conversion de Turenne à la religion catholique, l'eût-il peint avec moins de sympathie. Philippe de Champagne lui-même n'a pas dessiné avec plus de naturel & de simplicité, & n'a jamais non plus imprimé plus visiblement sur les traits d'un visage l'héroïque reflet d'un caractère & d'une âme.

PH. BURTY.

DESCRIPTION

 ETITOT, en Angleterre, sous les yeux de Van Dyck, &, en France, livré à son propre génie qui était d'une qualité toute française, peignit la cour & la ville. On ose à peine écrire la raison de l'excessive rareté de ses portraits sur émail : c'est parce qu'il les fit cuire sur des plaques d'or & que, la mode passée, on les porta au creuset des orfévres! Ce médaillon-ci ne sortit probablement pas de la famille des La Tour d'Auvergne. Il fut monté sur boîte à tabac, en 1780, par Mathis de Beaulieu, orfévre de Louis XVI.

La boîte porte le poinçon de maîtrise de Mathis de Beaulieu. En elle-même & à part l'énorme valeur que lui donne le médaillon de Turenne, c'est une merveille de ciselure délicate & d'harmonie colorée. Le burin s'est pour ainsi dire subordonné au pinceau, & l'orfévre était doublé d'un peintre. Il y a trois sortes d'or qui se marient & jouent comme les nuages dans un soleil couchant : l'or jaune pour le fond général; l'or rouge pour la tige, les rinceaux & les feuilles d'acanthe; l'or vert pour les bouts de feuillages & la guirlande tressée qui serpente. Les petites rosaces sont en argent bruni & brillent comme des pâquerettes.

Au revers, un vase funéraire, — singulière place sur une boîte à priser, — s'enlève sur un fond d'or bruni; il est circonscrit dans un médaillon ovale, qui, de même que l'émail sur le couvercle, rompt agréablement en sens invers l'ovale général de l'ensemble.

Cette boîte figurait dans la grande vente de la collection Démidoff, en janvier 1863. C'est le lendemain de cette vente, dans laquelle elle avait été adjugée à un marchand du Palais-Royal, qu'elle entra dans la collection de M. Léopold Double.

PH. B.

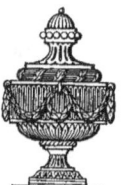

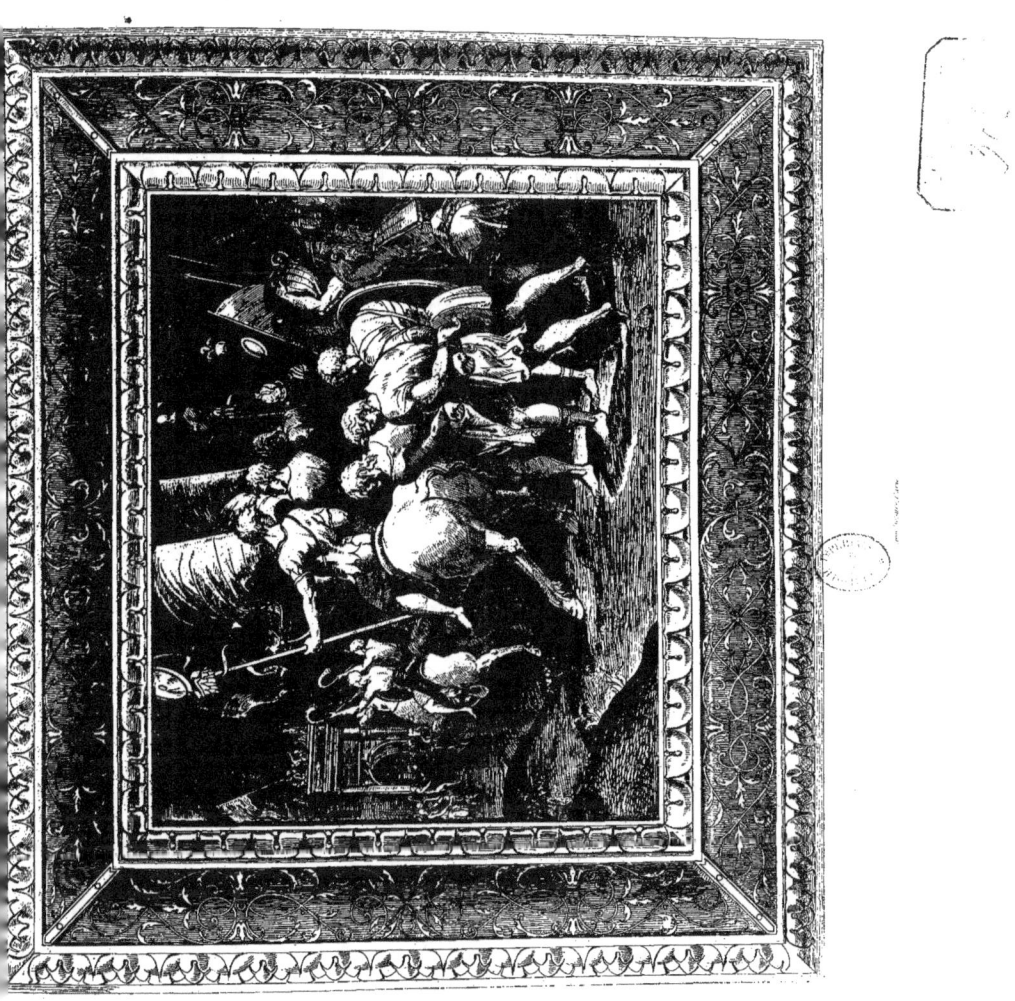

LES PRISONNIERS

PAR LÉONARD LIMOSIN [1]

Hauteur de l'original 0ᵐ,190
Largeur 0ᵐ,250

(Collection de M. le baron James de Rothschild.)

 ANTO Avelli & Orazio Fontana, pour la déco-
ration des faïences en Italie, Léonard Limosin &
Pierre Reymond, pour la peinture en émail en
France, dominent tous les artistes-industriels de la
renaissance, leurs contemporains. Nous avons déjà
fait connaître P. Reymond & deux de ses œuvres;
c'est de L. Limosin qu'il s'agit maintenant.

Fils d'un hôtelier-courtier de Limoges, Léonard Limosin est né vers
»5. — Les premiers émaux qu'il ait signés & datés sont de 1532.

Ce fut dans sa ville natale, certainement, qu'il apprit son art, quoique
adition veuille qu'il ait été à Fontainebleau, vers 1525, apprendre à
iner & à peindre. Mais le Primatice n'y arriva qu'en 1531 & Niccolo
' Abbate en 1552. Toujours est-il que si ses premières œuvres se
entent de l'influence allemande qui jusque-là dominait presque
lusivement en France, dès l'année 1535 il se mit à copier les
positions de Raphaël & il fut par la suite l'un des sectateurs les moins
sables de ces peintres maniérés qui ont créé l'école de Fontainebleau.

En 1541, L. Limosin était établi à Limoges en compagnie de Martin,
frère, & en 1544 il fit quatre gravures d'après ses compositions.

Sa réputation s'était assez répandue pour qu'en 1545 le roi lui ait
fié l'exécution de la suite des douze apôtres d'après Rochetel, qui de la
pelle d'Anet est passée à l'église Saint-Père de Chartres.

1) Nº 2464 du Catalogue du Musée rétrospectif de 1865.

C'est à cette époque qu'étant « émailleur du roi », il fut pourvu du titre de valet de chambre du roi qu'il inscrivit en 1551 sur le grand tableau à l'huile du musée de Limoges qui représente l'*Incrédulité de saint Thomas*, & en 1552 sur les émaux de la Sainte-Chapelle qu'il exécuta d'après Niccolo dell' Abbate.

Il figure sur les comptes de 1559 pour sept aunes & demie de drap, pour porter probablement le deuil de Henri II, & conserve son titre sous François II, tout en travaillant à Limoges dans deux maisons se communiquant entre elles, situées rue Manigne & rue des Grandes-Pousses.

Émailleur, peintre & graveur, Léonard Limosin était de plus miniaturiste & arpenteur. Il existe de lui, en effet, à Limoges, des joyaux peints sur le livre d'une confrérie pour laquelle il exécuta en outre des panonceaux, & des plans qu'il avait été requis de relever à l'occasion d'un procès.

Enfin, & ceci est à noter dans un recueil consacré à faire connaître les collections célèbres, L. Limosin était un curieux. On venait voir dans son atelier une statuette de Mercure en bronze, avec des yeux d'argent, trouvée à Limoges, & que possède aujourd'hui le Cabinet des Antiques & des Médailles.

Nommé consul en 1571, il dut mourir entre les années 1575 & 1577, les époques précises de sa naissance & de sa mort étant encore incertaines.

ALFRED DARCEL.

DESCRIPTION

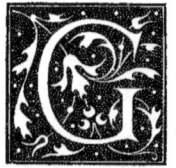 RISAILLE sur fond noir, à chairs légèrement ombrées de bistre, cet émail est exécuté suivant les procédés que nous avons déjà indiqués à propos des œuvres de P. Reymond.

C'est une composition de Niccolo dell 'Abbate qui nous semble avoir servi de modèle à l'artiste qui a signé cet émail des L L qui forment son monogramme & qui sont tracées en or dans l'angle à droite.

La bordure est formée par une monture en bois sculpté, garnie de quatre bandes d'émail bleu, relevé d'arabesques en or.

A. D.

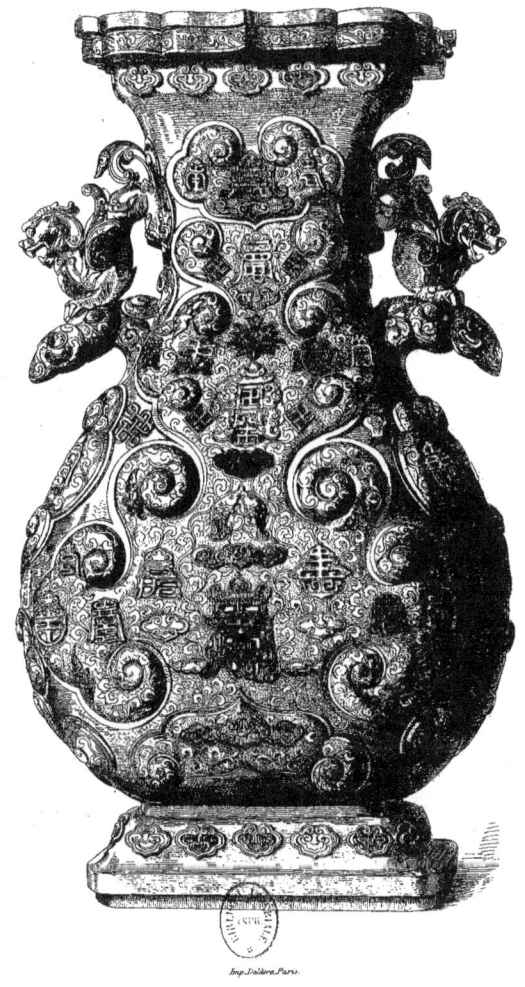

Imp. Soldère, Paris.

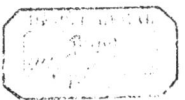

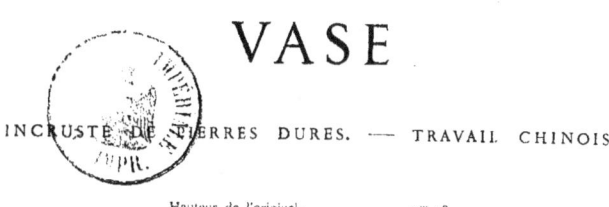

VASE

INCRUSTÉ DE PIERRES DURES. — TRAVAIL CHINOIS

Hauteur de l'original............ 0^m,58

(Collection de Mme la baronne Salomon de Rothschild.)

OICI un vase que sa forme & son opulent aspect rendraient seuls intéressant, & qui le devient davantage encore lorsqu'on recherche sa date probable & la signification des emblèmes & des signes qu'il porte.

Composé d'un bronze jaune ou laiton anciennement doré, il est couvert de reliefs capricieusement enroulés représentant des nuages, & relevé en outre d'un travail gravé. Tous les espaces de quelque étendue, réservés entre les saillies ou sur leur surface, ont été incrustés de caractères antiques, taillés dans le jade, l'agate orientale, la cornaline blanche ou cerise, le lapis-lazuli & autres pierres dures. Or, le plus fréquent de ces caractères, celui qui se répète dans toutes les parties du vase, est le *swastika* indien, le *wan-tsé* sacré, signifiant les dix mille choses, la création; les autres sont les mots *cheou*, longévité, *fou*, bonheur, reproduits dans des formes diverses.

Ces inscriptions sont spéciales; on les rencontre particulièrement sur des sceptres de bon augure désignés sous le nom de *Jou-y*, offrandes votives. Ici leur signification ne peut être douteuse, car, en retournant la pièce, on trouve sous le pied quatre caractères en antique écriture tà-tchouan qu'il faut lire de haut en bas & de droite à gauche : JOU-Y PAO-TSUN; *tsun*, vase honorifique, *pao*, précieux (donné en récompense), *jou-y*, comme vœu de bonheur, de prospérité.

L'octroi du *Tsun*, vase honorifique, est une institution remontant aux premiers temps de la civilisation chinoise; le législateur trouvait, dans cette distinction peu coûteuse & vivement ambitionnée, un moyen d'encourager les serviteurs de l'État, & de récompenser leur mérite. Chose touchante, la dédicace civile, basée sur l'inscription du destinataire au moniteur des grandes actions, *tsse*, prenait un caractère sacré, non-seulement parce qu'elle émanait du souverain, chef de la religion, mais par la valeur morale du vase destiné à contenir le vin offert sur l'autel des ancêtres. Le fonctionnaire chinois recherche avant tout les honneurs qui peuvent rejaillir sur ses ascendants; cela est naturel, puisque ses enfants peuvent se faire place par leur valeur personnelle, & conquérir les plus hauts grades dans les examens publics.

Voilà donc une urne destinée au culte; les chiens de Fo dressés sur ses anses le diraient assez, si l'inscription ne l'expliquait plus sûrement encore. Il faut savoir à quel ordre de fonctionnaires elle a pu être offerte. Ici le plan du vase est significatif; c'est un rectangle dont les arêtes ont été arrondies; cette forme, dédiée au *yang* ou principe passif, est réservée aux magistrats de second ordre qui sont soumis & rendent spécialement hommage à la terre, aux constellations secondaires & aux *dix mille choses* créées.

Quant à sa date, la pièce ne peut remonter qu'à une époque moyenne; la haute antiquité avait ses formules particulières, ses métaux strictement gradués selon le rang du dignitaire à récompenser, ses emblèmes hiératiques & invariables. Une dynastie oublieuse des anciens rites, prête à laisser se confondre dans un rapprochement presque impie la récompense officielle, *pao-tsun*, & le simple témoignage de bienveillance, *jou-y*, a pu seule créer cette œuvre charmante, mais ambiguë. Nous pouvons donc placer vers le XIIIe siècle, au moment des déchirements causés par deux races ennemies se disputant un sol arrosé de sang, la fabrication de ce vase exceptionnel. Il prouve que, même au milieu des troubles civils, l'art avait des adeptes en Chine, & qu'il entrait dans les vues des Tartares comme des autochthones de lui donner une part dans la vie publique (1).

ALBERT JACQUEMART.

(1) La description, comprise dans le texte & commentée dans la planche, nous dispense de répéter ici une formule inutile; nous la complétons par la figure de l'inscription.

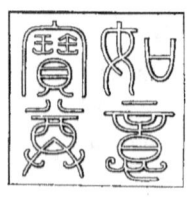

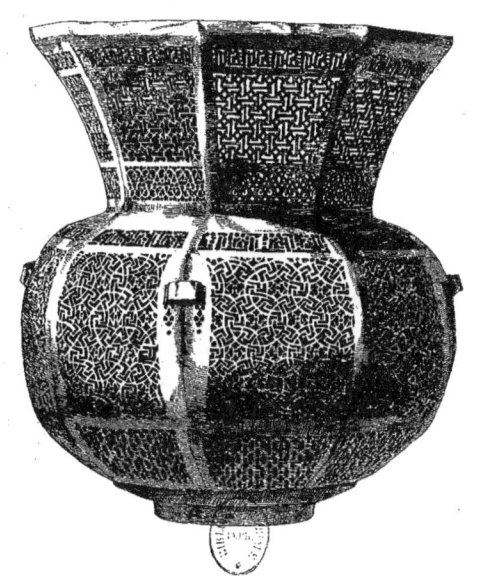

Imp. Daldére, Paris.

LAMPE DE MOSQUÉE

XIIe SIÈCLE (1)

Hauteur de l'original..... o^m,30 — Largeur............... o^m,24

(*Musée Impérial du Louvre.*)

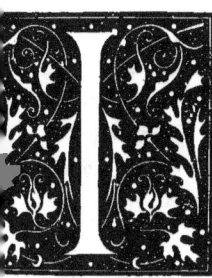

L y a fort peu d'années que les lampes de mosquées sont connues dans les collections d'Europe, & les amateurs d'œuvres d'art se rappelleront longtemps la sensation que produisit l'arrivée de la première de ces lampes, magnifique vase de verre orné d'émaux de couleur, qui fut acquis par M. le baron de Rothschild.

La lampe que nous allons décrire provient de Jérusalem; elle a servi à la décoration de l'édifice célèbre que les Arabes nomment Qobbet-es-Sakhrah (dôme de la roche) ou mosquée d'Omar. La Qobbet-es-Sakhrah a en réalité construite par les ordres du onzième khalife Abd-el-Malek, de Mérouan (688 de notre ère).

C'est M. de Barrère, consul de France, qui, à la demande de M. de ulcy, a bien voulu enrichir les collections du Louvre d'un objet remarable en même temps par son ancienneté & par la manière dont il a été riqué.

ADRIEN DE LONGPÉRIER.

(1) L'âge de cette lampe peut être présumé d'après le style des ornements & la présence dans la bordure du -*alif* avec œil au centre. Cette ligature ainsi formée se voit dans l'inscription de la célèbre tunique impériale Nürnberg (1133 de J.-C), & se rattache au caractère employé sur la monnaie frappée en 1207 à Rama près de salem par Abou Bekr ben Aioub, si fameux sous le nom de Malek-el-Adel. De l'an 1099 à l'an 1187, les lmans n'ont pas pu suspendre des lampes dans la Qobbet-es-Sakhrah; mais après la prise de Jérusalem par h-ed-Dine, en 1187, les ornements de la mosquée furent rétablis; on en fit même venir de Syrie. Sur un teau en mosaïque exécuté à cette époque dans la mosquée El Acsa, on remarque la forme du *lam-alif* assez ine de celle que nous avons signalée. Toutefois on devra noter l'analogie d'aspect qui existe entre la frise de la e & les inscriptions du khalife Daher, tracées en l'an 1022 de notre ère dans la Qobbet-es-Sakhrah. (Voy. chior de Vogüé, *le Temple de Jérusalem*, 1864, pl. 33 & 37.)

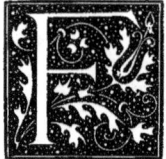ORMÉE d'une feuille de cuivre très-mince, industrieusement repercée à jour, plus légère que le verre, cette lampe ou plutôt cette enveloppe de lampe est un chef-d'œuvre de patience, une merveille de l'industrie orientale. Elle est à huit pans; quatre belières placées au point le plus saillant de la partie sphérique servaient à passer les chaînes de suspension. La découpure est divisée en six registres ou zones horizontales, & exécutée suivant quatre systèmes très-différents, sans compter deux frises qui présentent une apparence d'inscription, la répétition continuelle d'un même groupe ressemblant à la formule الله الا الله لا (il n'y a de Dieu qu'Allah), si fréquemment employée par les musulmans. Cependant, il faut reconnaître là un dessin symétrique plutôt qu'une inscription réelle; fait très-ordinaire dans les œuvres d'art de l'Occident (1), mais fort étonnant lorsqu'il s'agit d'un ustensile appartenant à une mosquée.

A l'intérieur, on posait une lampe de verre dont la lumière lançait des rayons à travers les mille petites ouvertures pratiquées dans le cuivre; c'est une image de la lumière divine assez conforme à l'esprit du Coran. On peut comparer en effet cette enveloppe si finement découpée au grillage qui clôt une *mischkah,* niche dans laquelle on a placé une lampe servant de fanal. Les émaux opaques appliqués à la surface des grandes lampes de verre leur donnent aussi le caractère d'un grillage. On ne saurait douter de l'intention symbolique qui a présidé à la fabrication de ces ustensiles, quand on lit sur quelques-uns d'entre eux, par exemple sur une admirable lampe de verre émaillé appartenant à M. de Nieuwerkerke, le commencement du verset 35 du vingt-quatrième chapitre du Coran (*Sourate de la lumière*) :

« Dieu est la lumière des cieux & de la terre; sa lumière ressemble à une *mischkah* contenant une lampe, »

On doit se reporter au texte & voir la suite :

« La lampe est dans un verre; le verre est comme une étoile brillante. »

Il est impossible de trouver dans tout le livre sacré un passage qui convienne plus parfaitement à l'objet sur lequel il doit être inscrit. Le mot *mischkah* paraît avoir embarrassé la plupart des traducteurs spéciaux du Coran, car Du Ryer, Savary & même M. Kasimirski n'en ont pas conservé la trace dans leur version française (2). L'exact Maracci cherche à rendre cette expression à l'aide d'une périphrase empruntée au *Kamous* (3). Ces orientalistes auraient bien probablement serré le texte arabe de plus près s'ils avaient pu comparer une enveloppe de lampe découpée comme celle que M. de Barrère a envoyée au Louvre, avec un de ces grillages que les Orientaux placent devant les fenêtres, & dont un curieux échantillon, détaché de la prison de saint Louis à Mansourah par M. Ferdinand de Lesseps, se voit actuellement au Musée des Souverains.

A. DE L.

(1) *Revue archéol.*, 1846, t. II, p. 699. — 1846, t. III, p. 408. — *Revue numismatique*, 1856, p. 63.

(2) *L'Alcoran de Mahomet;* à la Haye, 1683, p. 276. — *Le Coran traduit de l'arabe;* à la Mecque, l'an de l'hégire 1165 (1751), T. II, p. 112. — *Le Koran, traduction nouvelle faite sur le texte arabe*, Paris, 1840, p. 319.

(3) *Alcorani textus universus;* Padoue, 1698, p. 482 « Similitudo lucis ejus est sicut *fenestella in pariete clausa a parte posteriori,* in qua sit lampas. » Tous les mots reproduits ici en italique sont destinés à traduire seul mot *mifchkah*.

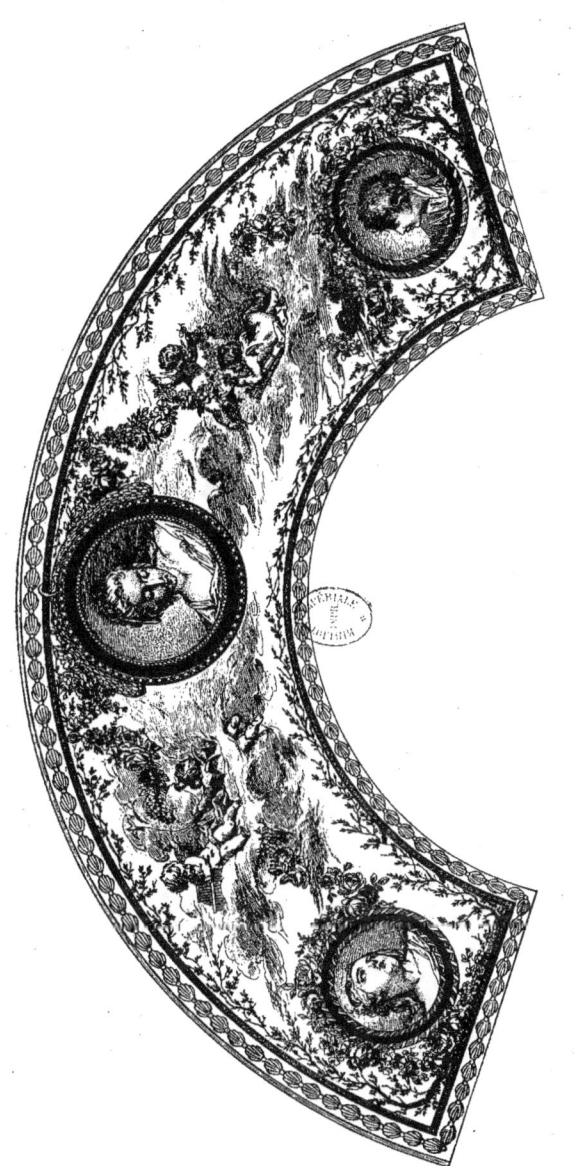

ÉVENTAIL PAR BOUCHER.
Collon de Mr le Docteur Fidgey.

Imp.Didot, Paris.

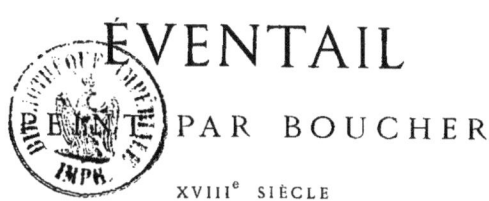

ÉVENTAIL

PAR BOUCHER

XVIIIᵉ SIÈCLE

Largeur.... 0ᵐ,50 — Hauteur.... 0ᵐ,12

(Collection de M. le docteur Piogey.)

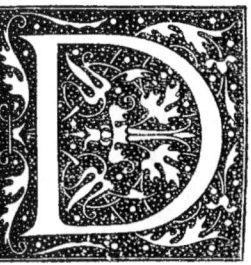

E toutes les armes qui composent l'arsenal de la coquetterie féminine, l'Éventail, dans l'ancienne société, comptait pour une des plus redoutables. L'éventail achevait l'ennemi que le rouge, la poudre & la mouche assassine avaient ébranlé. Ce que l'éventail a mis en déroute de cœurs de héros & de philosophes, de marquis & d'abbés, est innombrable & jonche les mémoires & les romans du temps.

La femme du dix-huitième siècle n'y voyait pas seulement, comme l'Espagnole, un ventilateur, ou, comme nos femmes du monde, une arme de parade pour les jours de cérémonie; elle s'en était fait un je ne sais quoi servant pour l'attaque & pour la défense, & qui, faute de comparaison plus légère, répondrait au double emploi de nos batteries flottantes.

Dans la charmante comédie mêlée d'ariettes, de Favart, *Ninette à la Cour,* Fabrice, confident ridicule du prince Astolphe qui veut corrompre l'ingénue, lui fait revêtir des habits magnifiques & lui présente un éventail : « *A quoi cela sert-il?* » demande Ninette...

FABRICE

. . . *Je vais vous en instruire :*
Pour la décence & pour la volupté,
C'est le meuble le plus utile!
Sur les yeux, ce rempart fragile
A la pudeur semble ouvrir un asile,
Et sert la curiosité.

En glissant un regard entre ses intervalles,
D'un coup d'œil juste on peut, en sûreté,
Observer un amant, critiquer des rivales;
On peut par son secours, en jouant la pudeur,
Tout examiner, tout entendre,
Rire de tout sans alarmer l'honneur.
Son bruit sait exprimer le dépit, la fureur;
Son mouvement léger, un sentiment plus tendre;
L'éventail sert souvent de signal à l'Amour,
Met un beau bras dans tout son jour,
Donne au maintien, que l'on sait prendre,
Des airs aisés & naturels...
Enfin, entre les mains d'une femme jolie,
C'est le sceptre de la Folie
Qui commande à tous les mortels!

Imaginez pendant cette charmante leçon le geste, le regard, les minauderies, le jeu mutin & décent de cette Ninette qui faisait courir tout Paris!

PH. BURTY.

DESCRIPTION

 ui oserait affirmer que l'éventail que nous a confié le docteur Piogey n'a pas joué entre les doigts roses de Ninette-Favart, alors qu'elle résistait encore au vainqueur de Fontenoy? Pour nous, c'est assurément là un cadeau d'artiste à camarade : la monture est de peu de prix, mais la peinture est exquise. A ce moment charmant de notre histoire, les gens d'esprit s'étaient ligués contre l'ennui, & l'Atelier fraternisait volontiers avec le Théâtre.

C'est Boucher lui-même qui a signé ce joli éventail, non pas de son nom, mais de sa composition la plus facile, de sa touche la plus franche, de ses tons les plus roses & les plus soutenus. On ne se met ainsi en frais que pour une jolie femme à qui l'on veut plaire. Mais n'insistons pas sur une destination qu'aucune preuve ne décide en dernier ressort, & félicitons le docteur Piogey d'avoir placé parmi ses autres curiosités un éventail d'une qualité aussi rare.

PH. B.

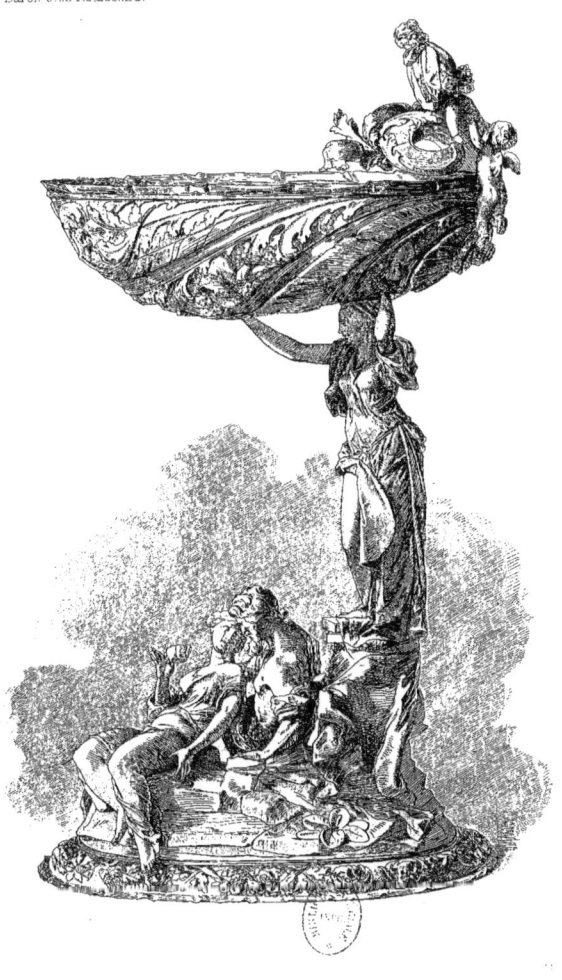

Imp. Bidelon, Paris.

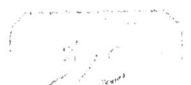

COUPE D'IVOIRE

FIN DU XVIIe SIÈCLE

Hauteur de l'original. . 0^m,33 1

(Collection de M. le baron James de Rothschild.)

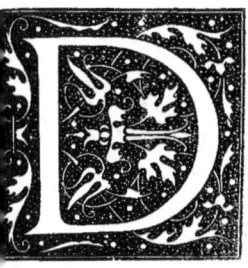

'HABILES artistes, dont les noms resteront peut-être toujours ignorés, ont taillé dans l'ivoire de charmantes figurines & de délicates fantaisies. Toutes les écoles ont apporté, en ce genre de sculpture, les qualités particulières qui les distinguent dans le travail du marbre & du bois. La France y a mis son esprit, Italie son élégance, & la Flandre, qui s'y est toujours montrée fort avante, a su assouplir l'ivoire au point de lui donner cette fleur de morbidesse & de vie qui, chez Rubens, s'épanouit dans la lumière.

Nous ne croyons cependant pas qu'on puisse attribuer la coupe que nous reproduisons à l'un des élèves du grand maître d'Anvers. Van Obstal est plus robuste, Lucas Faydherbe est plus gras. Cette pièce semble dater d'une époque où l'École flamande, qui a déjà perdu un peu de son goût pour les formes opulentes, se complaît à sculpter des figures d'un modelé moins large & moins vivant. Rubens n'est plus à la mode, & bientôt les gens d'esprit de Bruxelles & d'Anvers vont trouver qu'il manque de distinction. Le temps approche où la délicatesse va remplacer la force, où la Flandre, oublieuse de son génie, compromettra son originalité en imitant les écoles voisines. Aussi la coupe de M. le baron James de Rothschild fait-elle songer aux œuvres de l'ivoirier Francis Van Bossuit qui, ayant vécu jusqu'en 1692, semble, en son style mélangé, avoir entendu parler des élégances de Versailles.

PAUL MANTZ.

DESCRIPTION

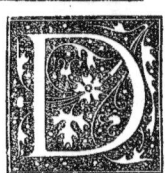

EBOUT sur un rocher, & vêtue à l'antique, une figure de femme supporte une coupe ovale, dont l'intérieur est garni d'argent doré. A l'une des extrémités du vase s'épanouissent de larges feuilles, au milieu desquelles jouent un petit amour ailé & un enfant tenant une grappe de raisin. Auprès d'eux, parmi les fleurs, on voit se becqueter des colombes.

Au pied du rocher sur lequel la cariatide est posée, un homme se penche amoureusement vers une femme qui tient une tasse à la main. On remarque, parmi les détails semés sur le sol, quelques vases dont la forme imite celle des grès flamands.

Une bordure d'argent doré & ciselé, figurant une guirlande de fleurs & de fruits, entoure la partie inférieure de la coupe.

Francis Van Bossuit, dont cette pièce rappelle un peu le style, est né à Bruxelles en 1635. Après avoir fait un long séjour en Italie, où son talent était fort goûté, il vint se fixer à Amsterdam : il y mourut le 22 septembre 1692. Ses œuvres, dessinées par Barent-Graat, ont été reproduites en un volume qui porte le titre suivant : *Le Cabinet de l'art de sculpture, par le fameux sculpteur Francis Van Bossuit, exécuté en yvoire ou ébauché en terre.* (Amsterdam, 1727.)

P. M.

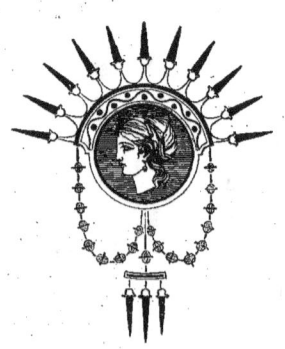

FRONTAL ET ROUELLE DE LANCE, XVIᵉ SIÈCLE.
Colⁱᵒⁿ de Mᵉ le Comte de Nieuwerkerke.

PL. 40

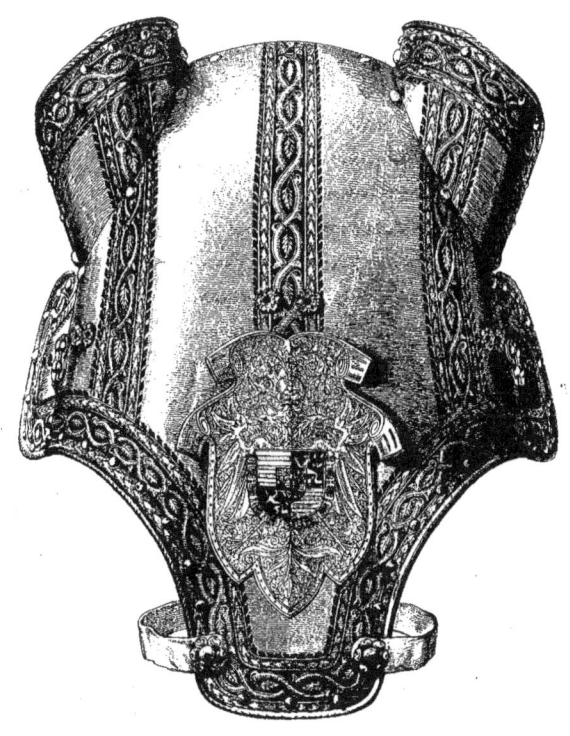

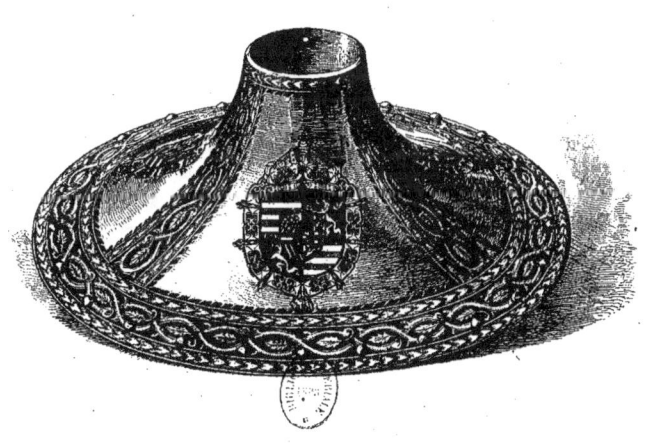

Imp. Suliar. Paris.

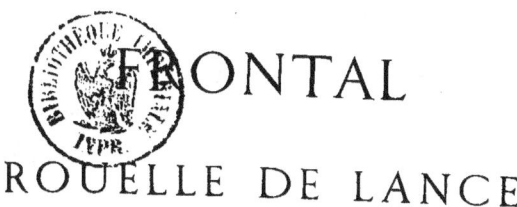

FRONTAL

ROUELLE DE LANCE

ACIER GRAVÉ, A PARTIES DORÉES. — TRAVAIL DU XVI⁰ SIÈCLE

(Frontal). Hauteur de l'original......... 0ᵐ,38
(Rouelle). Diamètre................. 0ᵐ,30

(Collection de M. le comte de Nieuwerkerke.)

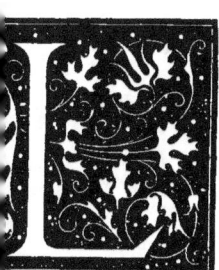

E frontal, frontail ou demi-chanfrein, était, comme son nom l'indique, destiné, dans le *caparaçonnement* militaire des chevaux, à leur garantir la partie supérieure de la face de tête, le haut du chanfrein.

Une muserole, forgée à claire-voie, pouvait s'adjoindre au frontal, pièce tout à la fois de défense & de parement que des plumails en panaches ornés d'*affiquets* de pierreries décoraient d'ordinaire. (Les plumasseries de papillotes à milanaise furent, au seizième siècle, les plus estimées.)

La coutume de revêtir les chevaux d'une armure remonte aux plus hautes époques (1), on employa d'abord pour leur fabrication le bronze le cuir, puis le cuir bouilli, & enfin l'acier, parfois enrichi de joaillerie, parfois de gravures ou de ciselures.

Au quinzième siècle & avec la Renaissance on déploya le plus grand luxe dans le parement du caparaçon des chevaux. En 1449, rapporte la chronique de Jacques-du-Clercq, le chanfrein du cheval que le comte de Saint-Pol montait au siége d'Harfleur était prisé vingt mille écus,

(1) Xenoph., *de Re equestr.*. cap. XII.

somme énorme en ce temps-là. Il est aussi question dans la même chronique, pour l'entrée à Bayonne, d'un autre chanfrein valant quinze mille écus & appartenant au comte de Foix (1).

La rouelle ou rondelle de lance représentée par notre gravure au-dessous du frontal date comme lui du règne de Charles-Quint. Avant que l'homme d'armes n'eût les pièces hautes du harnois *de plates*, la lance ou *glaive*, jusqu'en 1410 environ, n'était garnie près de sa poignée que d'une *grappe* (groupe saillant formé de têtes de clous).

Plus tard, cette *grappe* fut remplacée par une rouelle, d'abord simple rond de bois percé au centre, puis façonnée en acier; on varia dès lors quelque peu sa proportion et le contour de sa forme.

La plus usitée était circulaire, s'évasant du tour de la lance sur sa *prise de main*. Ces rouelles se garnissaient, à leur intérieur, avec de la bourre feutrée recouverte de cuir.

ÉDOUARD DE BEAUMONT.

DESCRIPTION

FRONTAL

 ETTE belle pièce de harnois est en *acier au clair* à gravure dorée; elle faisait partie, avec la rouelle de lance décrite plus bas, d'une même armure de parement de *haut appareil*. Comme la rouelle, ce frontal est décoré d'ornements en feuillage de houx courant sur des bandes à fond d'or. Trois de ces bandes descendent en façon de pals sur le devant; celle du centre s'arrête sous une plaque d'acier découpée en écusson à l'allemande & fixée vers le bas du frontal par deux écrous. — Les gravures qui décorent cet écusson représentent, sur un fond orné de rinceaux, un aigle éployé à double tête, sommé d'une couronne impériale & chargé en cœur d'un écu aux armes de Charles-Quint. Les émaux de ces armes sont en couleur, & l'acier blanc ou doré réservé *à vif* en forme les métaux.

ROUELLE DE LANCE

CETTE rouelle, comme le demi-chanfrein qu'elle accompagne, est ornée sur *acier au clair*, de toutes pareilles bandes gravées & dorées. Ces bandes séparent entre elles trois écussons aux armes de l'empereur Charles V & à pièces coloriées ainsi que celles du frontal.

É. DE B.

(1) « Et envoya le comte de Foix la couverture de son cheval prisée à 400 écus d'or. » (*Jacques-du-Clercq.*)

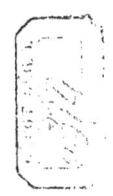

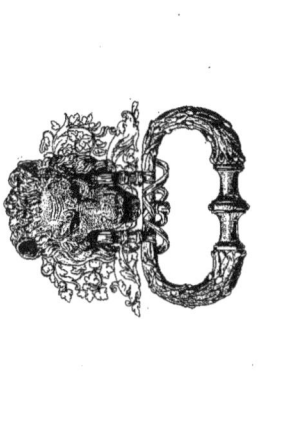

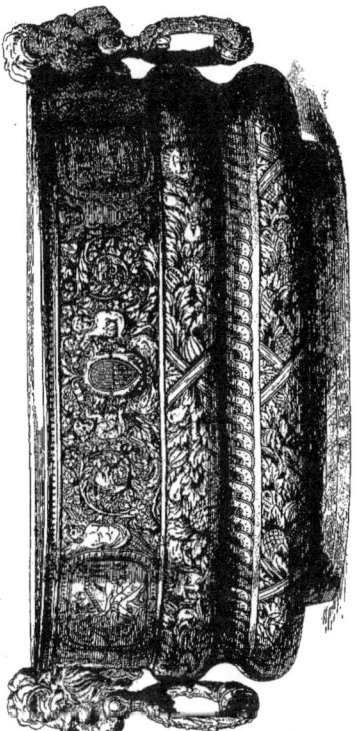

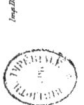

Imp. Bertauts, Paris

BRASERO VENITIEN. XVIe SIÈCLE.
Collon de Mme la Baronne S. de Rothschild.

BRASERO VÉNITIEN

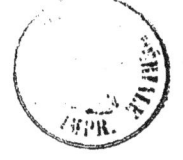

FIN DU XVIe SIÈCLE

Hauteur de l'original................ 0^m,18
Diamètre......................... 0^m,37

(Collection de Mme la baronne Salomon de Rothschild.)

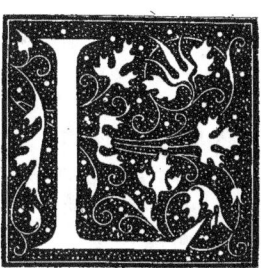

ES inventaires, qui nous apprennent tant de choses sur la vie d'autrefois, & les tableaux, plus significatifs encore, nous montrent, dans les plus somptueux comme dans les plus simples appartements, ce meuble de métal que les Espagnols appellent *brasero,* & les Italiens *braciere,* & qu'on remplissait de braises à demi consumées ou de cendres chaudes. Dans un tableau de l'école de Breughel de Velours, que conserve le musée de Madrid, on voit fonctionner le *brasero* avec son appendice ordinaire, c'est-à-dire avec la petite cassolette qui, placée sur le foyer, corrigeait par ses parfums l'odeur peu saine des braises. Ce meuble, d'origine méridionale, ne fut pas seulement à la mode en Italie & en Espagne : la France l'adopta, pendant le dix-septième siècle surtout, & ses artistes le façonnèrent sous toutes les formes. Bussy - Rabutin nous apprend que lorsque, vers 1659, la comtesse d'Olonne organisa une loterie, le prince de Marsillac gagna un brasier d'argent. Brienne nous parle avec admiration de ceux que possédait Mazarin. Dans sa déclaration somptuaire du 26 avril 1672, Louis XIV fait défense aux orfèvres de « fabriquer des braziers d'argent massif. » Enfin, car il serait superflu de multiplier ici les preuves, l'inventaire dressé en 1673 après la mort de Molière nous montre, dans la chambre où travaillait le poëte, un « brasier de fer-blanc » qui, avec un autre objet de ménage, est prisé cinq livres.

Le *brasero* que nous reproduisons provient d'une maison plus riche, & il date d'un autre temps. C'est un bassin de bronze décoré d'incrustations en argent. La forme en est simple & grande & trahit une origine italienne; l'ornementation est dans le goût vénitien; mais le caractère des motifs qui la constituent, & surtout le dessin, relativement imparfait des figures, appartiennent à une époque déjà voisine de la décadence. Ce *brasero* peut donc être daté des derniers jours du seizième siècle, le déclin ayant été rapide, le crépuscule étant venu vite dans ces pays glorieux où l'art avait, de si bonne heure, jeté sa première flamme.

PAUL MANTZ.

DESCRIPTION

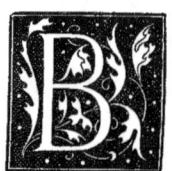 ASSIN circulaire en bronze. Les poignées sont formées d'anneaux suspendus à des têtes de lions d'un beau dessin & d'un puissant relief. La première zone d'ornements qui courent autour du vase est incrustée de quatre médaillons oblongs, en argent, qui représentent les quatre parties du monde symbolisées par des figures de femmes. Au centre, deux génies, dont le torse nu se termine en volutes de feuillages, soutiennent un écusson en argent incrusté. La seconde zone, dont l'étroite surface est légèrement bombée, est décorée d'un entrelacs composé de fruits, de feuilles & de masques qui, dans la pensée de l'artiste, doivent correspondre sans doute à chacune des parties du monde. Cet ornement & celui qui enrichit le cercle inférieur du brasier sont coupés à intervalles égaux par des incrustations d'argent formant des X.

D'après un renseignement que M. Albert Jacquemart a bien voulu nous communiquer, les armoiries figurées sur le bassin sont celles de la famille vénitienne des Priuli. En effet, les Priuli portent pallé d'or & d'azur de six pièces, au chef de gueules.

P. M.

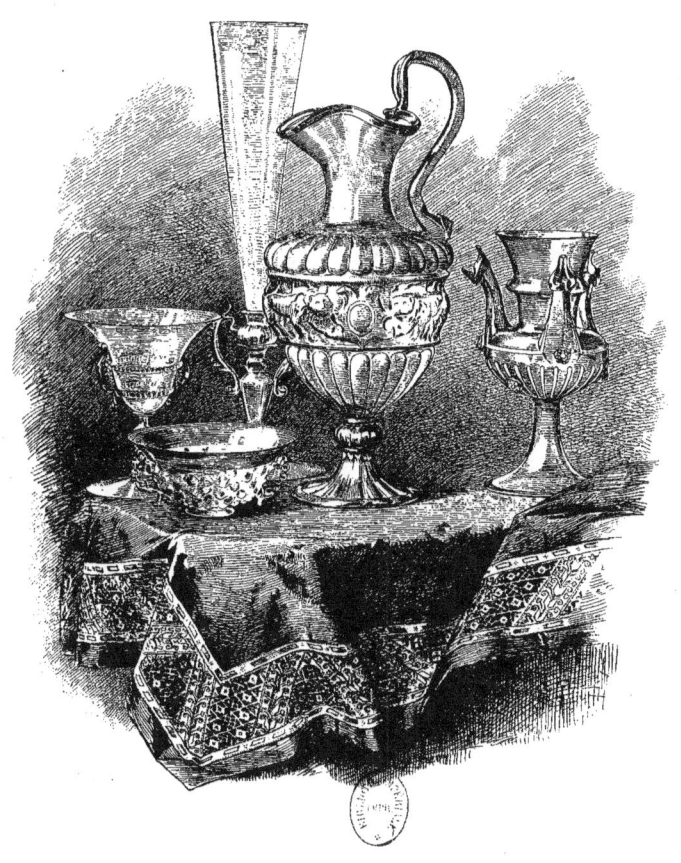

Imp. Dedore. Paris

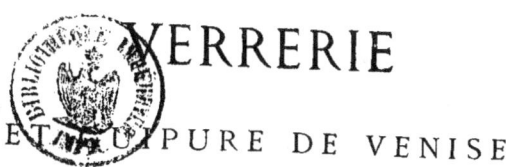

VERRERIE

ET RELIURE DE VENISE

XVIe SIÈCLE

Hauteur de l'aiguière (1)........... 0^m,27

(Collection de M. le comte de Nieuwerkerke.)

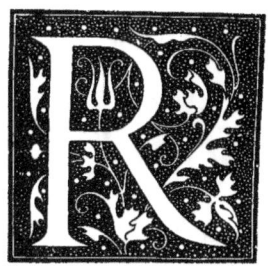

APPELLERAI-JE, en cette courte notice, que la découverte du verre est fort ancienne? Dirai-je à quelle fable Pline fait remonter l'origine de cette matière précieuse? Des marchands phéniciens arrêtés sur les bords du fleuve Bélus, voulant faire cuire leurs aliments, se servirent de blocs de soude pour supporter les vases qui devaient les contenir; le mélange de cette soude avec le sable du rivage produisit, sous l'action de la chaleur, une masse liquide, une sorte de pâte qui n'était autre chose que du verre. L'invraisemblance de ce récit n'échappera à personne. Mais ce qui est bien incontestable, c'est que les Grecs, les Romains, & l'Égypte elle-même, employèrent le verre à divers usages économiques. Cette découverte, due au génie de l'homme, non-seulement lui a rendu les plus grands services au point de vue domestique, mais encore elle a contribué au progrès des sciences d'observation. L'astronome, le naturaliste, le chimiste, le physicien, lui sont redevables de leurs plus précieux instruments.

L'art de travailler le verre fut dès les temps les plus reculés, à Venise, une industrie florissante. Un décret du Sénat décida, en 1291, que les divers

---

(1) Nous ne relevons ici que la hauteur de la pièce principale, qui donnera la proportion des autres pièces qui l'accompagnent. Cette hauteur de l'aiguière est prise du point le plus élevé de la courbure de l'anse.

établissements spéciaux à cette industrie seraient réunis dans une île de l'Archipel vénitien, à Murano. Ce décret s'exprime en termes qui prouvent l'importance de cet art & l'estime qu'il inspirait : *Ut ars* tam nobilis *semper stet & permaneat in loco Muriani...*

Un goût exquis pour les arts en cette contrée privilégiée a su imposer aux ustensiles domestiques les plus humbles une beauté de formes, de parure & d'élégance, qui leur donne une valeur esthétique réelle. Aussi n'est-il point de collectionneur qui ne recherche avec empressement quelqu'un de ces vases charmants, de ces flacons, de ces aiguières, de ces coupes, de ces drageoirs, de ces hanaps filigranés, brodés de dessins merveilleux, le plus souvent colorés, & d'une légèreté qui tient du miracle.

La planche ci-jointe en contient quelques gracieux spécimens; ils sont posés sur un étroit tapis bordé d'une merveilleuse guipure brodée d'or, dont l'origine est également vénitienne. Aujourd'hui l'industrie des dentelles dans le pays vénète s'est concentrée dans la petite île de Burano.

ERNEST CHESNEAU.

DESCRIPTION

UR un tapis orné d'une guipure à point coupé, brodée d'or, sont posées les cinq pièces capitales que nous reproduisons ici :

1° Une aiguière ovoïde, à anse. La panse de l'aiguière est décorée de deux rangées de godrons séparées par une frise moulée représentant des lions affrontés à un écusson;

2° Un vase pédiculé, à trois goulots latéraux. Ce vase nous paraît destiné à recevoir des fleurs, & cette destination justifie la fantaisie qui a inspiré cette forme originale;

3° Un verre oblong, à ailerons denticulés;

4° Un verre campanulé, à ailerons colorés de bleu;

5° Une coupe basse mamelonnée, à anses en forme de chaîne. Le bord supérieur de la coupe est teinté en bleu.

E. C.

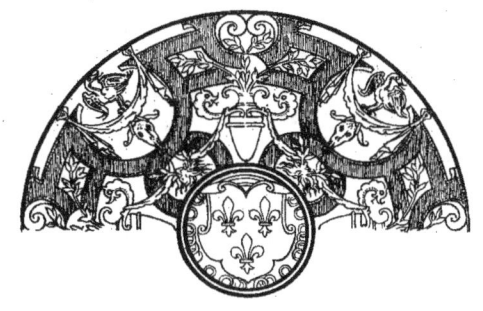

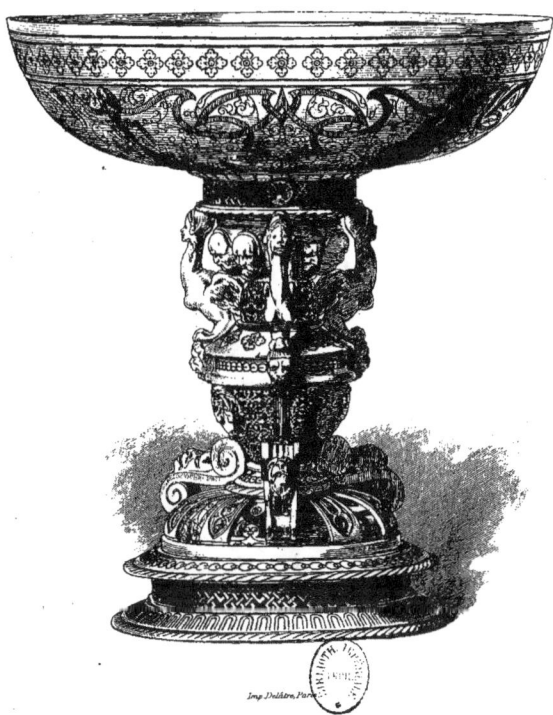

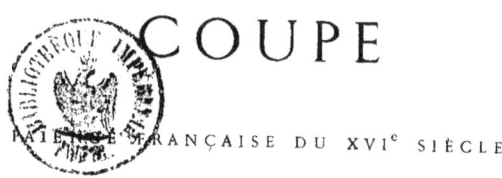

COUPE

FAÏENCE FRANÇAISE DU XVIᵉ SIÈCLE

Hauteur de l'original, 0ᵐ,170

(*Collection de M. le baron James de Rothschild.*)

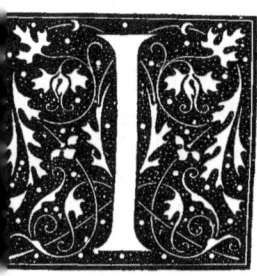

L n'est peut-être pas un objet d'art sur lequel les opinions aient été plus diverses, plus opposées même, que celles émises sur la provenance, la destination première & l'atelier duquel sortent les faïences qui nous occupent.

Quel a été le lieu de fabrication? Les uns assignent l'Italie, les autres la France. A quelles mains les doit-on? Est-ce à quelque artiste italien inconnu ou à Bernard Palissy? Et enfin la dénomination de *faïences de Henri II* doit-elle s'appliquer toutes les pièces connues?

De ces diverses opinions controversées pendant plusieurs années il ne reste plus aujourd'hui, grâce aux recherches d'archéologues éminents, que des erreurs; erreurs qui, il faut le reconnaître, portent leur excuse, non seulement dans la nouveauté d'une fabrication dont on ne connaissait à peine alors que quelques très-rares spécimens, dans l'habitude qu'on avait d'attribuer indistinctement à Palissy toutes les faïences aux formes élégantes, rehaussées d'ornements de couleurs diverses, & enfin dans la forme des fleurs de lis qui en décorent quelques-unes.

Quant à la provenance, il est généralement admis aujourd'hui que le premier atelier connu était à Oiron, près de Thouars (Deux-Sèvres), & qu'une grande quantité de ces pièces, bien d'origine française, furent faites par François Cherpentier, potier, aidé, pour la partie artistique, par Jean Bernard, qui, après avoir été secrétaire d'Hélène de Hangest-Genlis, veuve d'Arthur Gouffier, passa au service de Claude Gouffier, grand écuyer de France sous Henri II.

Pour ce qui est de les attribuer à Bernard Palissy le plus simple examen détruit cette opinion, car il n'existe aucun rapport entre les deux modes de fabrication. En effet, dans les pièces dues à Palissy, la décoration peinte est entièrement due à l'application d'émaux vitrifiables superposés & cuits avec la terre, tandis que dans celles d'Oiron le dessin, presque toujours monochrome, n'est que le résultat d'une terre de couleur incrustée dans la pâte encore fraîche au moyen d'un poncis.

Que certaines pièces aient été faites pour Henri II, rien, certainement, de plus admissible ; mais, de ce fait, on aurait tort de conclure que la qualification de *faïences de Henri II*, sous laquelle toutes les pièces connues sont indistinctement désignées encore aujourd'hui, leur appartienne de droit, car il ne faut pas oublier que, sur les cinquante-quatre pièces connues, les unes portent la salamandre de François Ier & d'autres, & c'est le plus grand nombre, ne sont décorées d'aucun emblème royal.

Ces faïences, qui devraient donc être désignées sous le nom de *faïences d'Oiron*, se partagent en trois fabrications successives : les plus simples à la fois de style &. d'ornementation (époque de François Ier) ; celles plus mouvementées sous ces deux points de vue (époque de Henri II), & enfin celles qui, presque entièrement décorées d'émaux vitrifiés, indiquent une époque postérieure.

A. SAUZAY.

DESCRIPTION

 L'EXCEPTION des mascarons, des sirènes casquées, des têtes placées dans des enroulements, qui sont en terre blanchâtre naturelle, tous les ornements décorant l'extérieur de cette coupe sont exécutés en terre rouge-œillet sur fond de terre naturelle.

Les trois lézards, les ailes des sirènes, ainsi que les coquilles placées sur le soubassement de la coupe, sont émaillés vert. Toute la partie décorative de l'intérieur est monochrome, rouge-œillet sur fond de terre naturelle.

A. S.

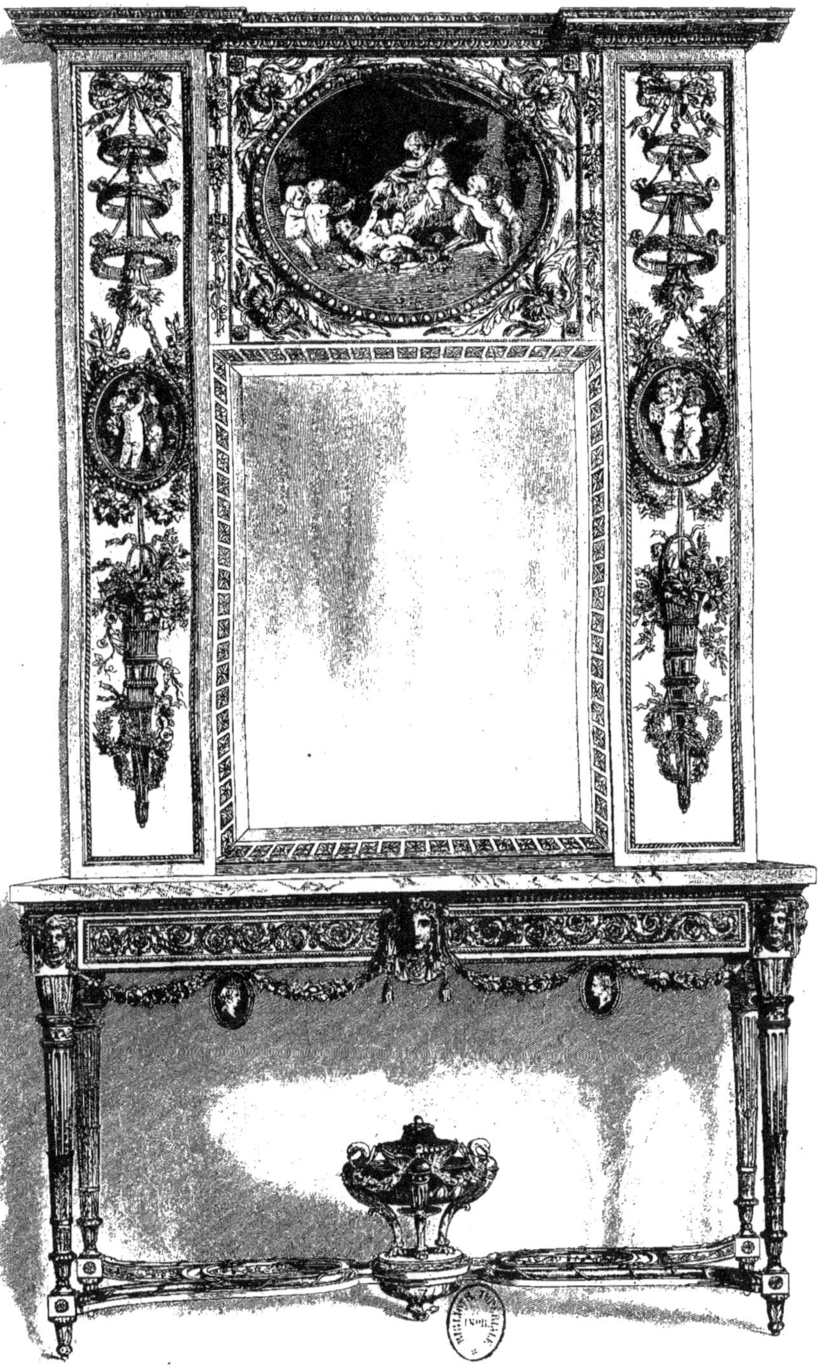

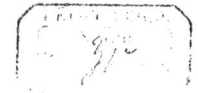

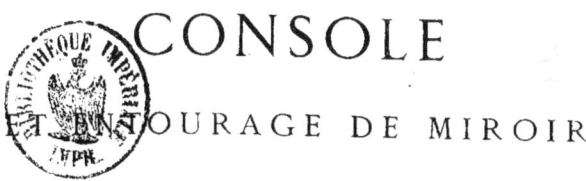

CONSOLE
ET ENTOURAGE DE MIROIR

EN BOIS SCULPTÉ ET DORÉ (XVIIIe SIÈCLE)

Hauteur de l'ensemble... 2^m,86
Largeur............... 1^m,50

(Collection de M. Spitzer.)

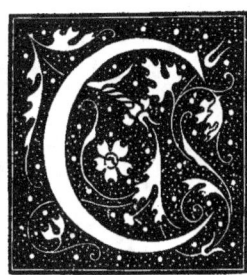

'EST avec une pendule & des porte-lumière en bronze modelés par Falconet, des potiches du Japon, des figurines de Sèvres, des boîtes à mouches oubliées sur le marbre blanc; c'est avec un entourage de causeurs spirituels, gais & bien mis, de femmes aux joues empourprées de fard, aux yeux avivés par le voisinage de la poudre, qu'il faut se représenter cette console & la glace qui la surmonte. Mais si nue qu'elle soit aujourd'hui & si dépaysée au milieu de nos habits noirs & de nos discussions d'intérêt, elle est toujours charmante. Elle est d'un autre âge, mais elle n'a point vieilli.

Si notre insistance à défendre ce mobilier du XVIIIe siècle, qui est une des gloires des arts industriels français, semblait exagérée à quelqu'un de nos lecteurs, nous le prions en grâce de jeter un coup d'œil impartial sur le bel ensemble décoratif qu'offre cette console jointe à cette glace. Le problème était celui-ci : dissimuler, sous le prétexte d'une glace, toute la froide paroi d'un appartement, salon, boudoir ou chambre d'apparat, &, du même coup, l'orner. En aucun temps aucun artiste, menuisier & sculpteur à la fois, l'aurait-il mieux résolu ?

Tout est rhythmique, tout est d'une couleur claire & d'un équilibre parfait. C'est une symphonie en blanc & or. L'ovale des médaillons, les guirlandes qui ploient, les couronnes de myrte & de lierre, les fleurettes qui débordent des paniers tressés, tout cela rompt avec un art infini la ligne droite des panneaux & des plinthes & marque la sobriété du goût français & son attrait vainqueur.

Est-ce pour une nymphe d'opéra ou pour la petite-nièce de la prude Arsinoé que fut exécuté ce galant & fin ensemble? Nous n'avons pu le deviner. Les fleurs, les amours, les rubans, tout le monde les célébrait alors.

PH. BURTY.

DESCRIPTION

'ensemble s'explique si bien de soi-même, que nous n'avons guère qu'à insister sur l'incroyable habileté du ciseau qui a fouillé ce bois. Le burin d'un orfévre n'attaque pas l'or avec plus de netteté & de largeur. Les joncs qui forment les paniers sont ajourés, & dans ces paniers mêmes on distingue quelques feuilles oubliées, & l'on compte les tiges des roses, des tulipes, des anémones, des œillets, des lilas, qui les emplissent. Rien n'est plus souple que les liserons & les jasmins qui retombent en cascade & forment ce que les peintres appellent les « légèretés. » Le pétale de la fleur est tour à tour velouté ou lustré, & vous pouvez compter les nervures sur la feuille & les côtes sur le bouton.

La plinthe, qui règne en haut avec un léger relief & redit le motif de la baguette qui court autour du biseau, est d'une force de composition & de dessin qui suffit pour classer cette console & cette glace parmi les objets d'art décoratif les mieux conçus & les plus sérieux.

PH. B.

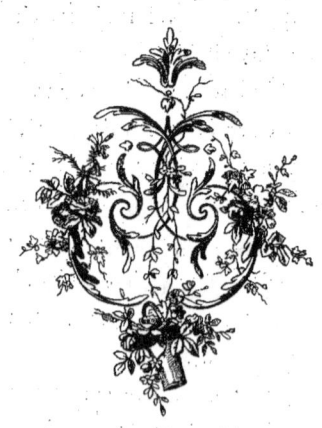

PENDULE ANGLAISE, XVIIIᵉ SIÈCLE.
Collⁿ de Mᵉ le Baron J. de Rothschild.

PL. 45.

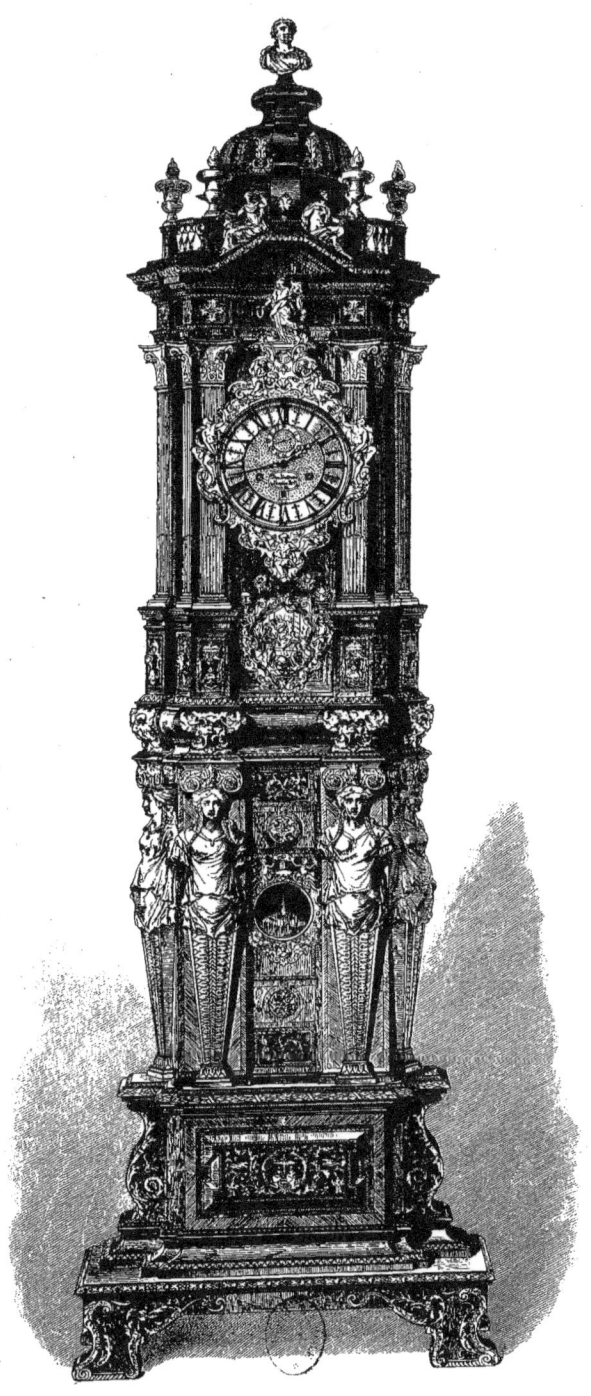

PENDULE ANGLAISE

XVIIIe SIÈCLE

Hauteur de l'original............. 2[m],65

(*Collection de M. le baron James de Rothschild.*)

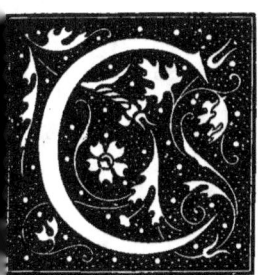

ETTE pendule monumentale décore le vestibule des salons du rez-de-chaussée au château de Boulogne, près de Paris. Parmi les meubles que M. le baron de Rothschild a réunis dans sa maison des champs, ce n'est ni le plus beau, ni le plus riche, car Boule & Riesener ont là des merveilles de magnificence & de grâce, &, à Boulogne comme partout, ils doivent garder le premier rang. Mais cette pendule est une production de l'art anglais, elle a un accent spécial, un caractère exceptionnel : il a paru intéressant de reproduire dans les *Collections célèbres* une œuvre qui s'écarte si visiblement des habitudes de l'École française.

Par le style & par l'exécution, ce meuble paraît dater du commencement du dix-huitième siècle ou, pour mieux dire, du règne de George Ier. Il diffère de ceux que Hogarth a figurés dans son *Mariage à la mode* & nous avons quelque raison de le croire antérieur aux créations du peintre qui nous a fourni tant de renseignements sur l'histoire du mobilier en Angleterre. Un point qu'on doit noter, c'est que, par le choix du bois dont elle est faite, par le procédé économique employé pour l'exécution des cuivres dont elle est revêtue, & par son apparence plus solide qu'élégante, cette pendule est moins une œuvre de luxe & de *high life* qu'un meuble utile & à bon marché. Si toute conjecture n'était pas hasardeuse, nous dirions volontiers qu'elle a dû appartenir jadis, non à un lord, mais à un marchand de la cité.

PAUL MANTZ.

DESCRIPTION

 ENDULE en bois de noyer, enrichie d'appliques en cuivre. Un buste d'empereur romain, une sorte de dôme accompagné de vases taillés à la mode de 1720, & posés sur une galerie à balustres, forment le couronnement du meuble. Deux figures allégoriques sont assises sur le fronton. Le cadran, de grande dimension, est placé un peu à l'aventure entre six colonnes corinthiennes accouplées trois à trois, & il est entouré d'une bordure de cuivre découpé, que surmonte une figure de l'Abondance.

Quatre cariatides, enfermées dans des gaînes & posées sur un socle enrichi de marqueterie, soutiennent la partie centrale du meuble. Elles sont en cuivre artistement réparé, & le type anglais demeure reconnaissable dans ces bustes de femmes aux chevelures abondantes & nattées. On remarquera, au milieu de la marqueterie encadrée dans le socle, deux figurines assises sous un parasol chinois. Ce détail suffirait à dater le meuble. Le goût de la *chinoiserie* a régné à Londres, sous George Ier, comme à Paris sous le Régent.

Le cadran de la pendule porte l'inscription suivante : *H. E. Batterson Londini fecit n° 163.*

P. M.

STOLET À CANON DE ROUETS, XVIᵉ SIÈCLE.
Collᵒⁿ de Mʳ le Comte de Nieuwerkerke.

PL. 48

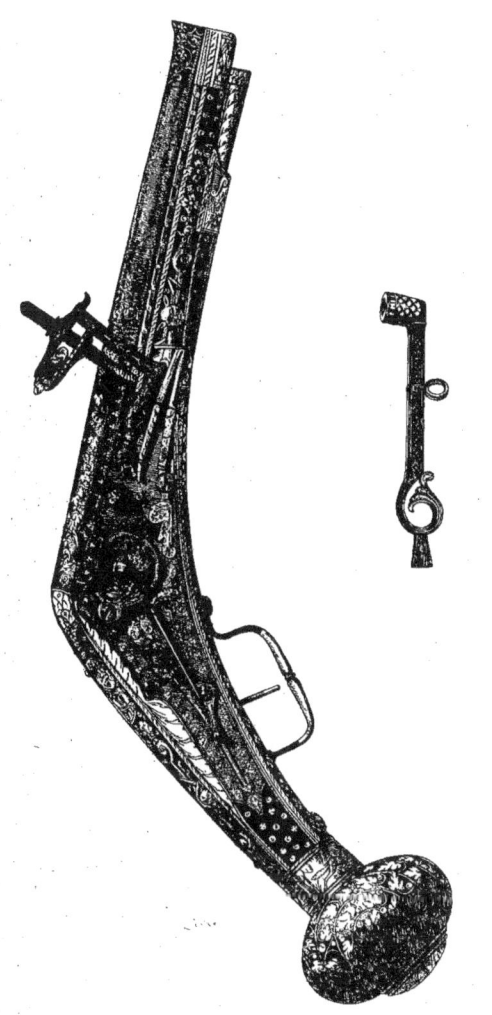
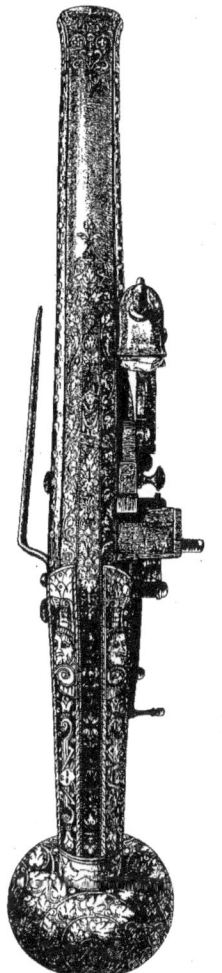
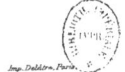

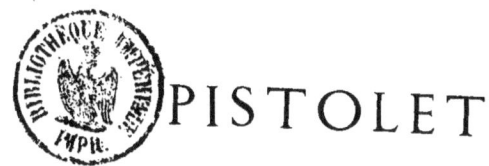 PISTOLET

TRAVAIL DE TAUCHIE ET DE DAMASQUINE, FIN DU XVI° SIÈCLE

Longueur...................... 0^m,45

(Collection de M. le Comte de Nieuwerkerke.)

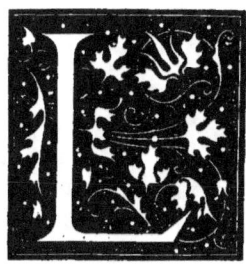 E nom de *pistolet* dérive, selon Covarruvias, de *fistula* : « *Pistolete arcabuz pequetio quasi fistulete, a fistula que es el cation de arcabuz.* » Le président Fauchet, dans son traité de la milice, 1610, dit de cette sorte d'arme à feu : « Ils sont nommez Pistolles & Pistolets pour avoir premièrement esté faits à Pistoye. » « Ils ne sembloient passer pied & demi de long, ayant un ressort d'acier, lequel, desserré par le moyen d'une petite languette, fait heurter un caillou, retenu par un bec de fer, contre la roue de ce ressort, pour rendre des bluettes de feu, » sur le pulverin ou amorce de poudre fine.

On trouve dans Henri Estienne, en la préface de son livre sur la conformité du langage François avec le Grec, 1566, qu' « à Pistoye, petite ville qui est à une bonne journée de Florence, se souloyet faire de petits poignards..., dont le nom de Pistolets fut bientôt *transporté* à de petites harquebuses quand fut venue leur invention, &, ajoute-t-il, ce povre mot ayant esté ainsi pourmené longtemps, en la fin encores a esté mené jusque en Espagne & en Italie, pour signifier leurs petits escus & croy, que quelque matin les petits hommes s'appelleront Pistolets, & les petites femmes Pistolettes. »

L'usage du pistolet fut, à dater de 1550, adopté comme particulièrement réglementaire par les reîtres allemands, qui eurent l'initiative de son emploi méthodique en bataille. Cet exemple ayant été suivi par la France, on créa des compagnies spéciales de pistoliers, c'est-à-dire de cavaliers consacrés à l'*exercice* du pistolet & doublement pourvus de cette arme. Sa forme, assez courte à son origine, s'allongea peu à peu, & son *encornure*, en bois, que les Allemands façonnaient assez lourde & très-courbée, s'allégit & devint presque droite (1).

Le pistolet, aux xvie & xviie siècles, était usité à la chasse, dans les duels & les rencontres. Saint Mégrin, mignon fraisé du roi, fut, raconte le journal de l'Estoile, « chargé à coups de pistolets & tué rue Saint-Honoré vers onze heures du soir, en sortant du Louvre, le lundi 21 juillet 1578. »

Notre planche gravée représente une de ces armes de luxe, arme privée, qui se portait fréquemment suspendue par son long crochet au ceinturon soutenant déjà l'épée & la dague.

ÉDOUARD DE BEAUMONT.

DESCRIPTION

 ISTOLE ou pistolet à gros pommeau sphérique, son canon & sa monture de rouets sont damasquinés d'or sur acier en couleur d'eau. L'encornure de cette belle arme est tout ouvrée de tauchie d'ivoire gravé à la surface & représentant des mascarons, des pampres & des animaux de vénerie.

Nous donnons au centre de notre planche une clef ou tourniquet de rouets, en acier finement ciselé.

É. DE B.

(1) Il y eut, vers 1590 & 1603, en France, à Blamont (Meurthe), une importante fabrique d'armes à feu dont les arquebuses & surtout les pistolets semblent avoir été très-estimés.

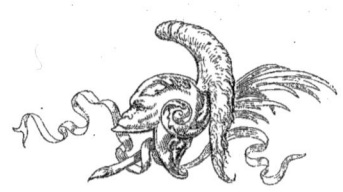

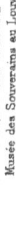

Imp. Dulègue, Paris.

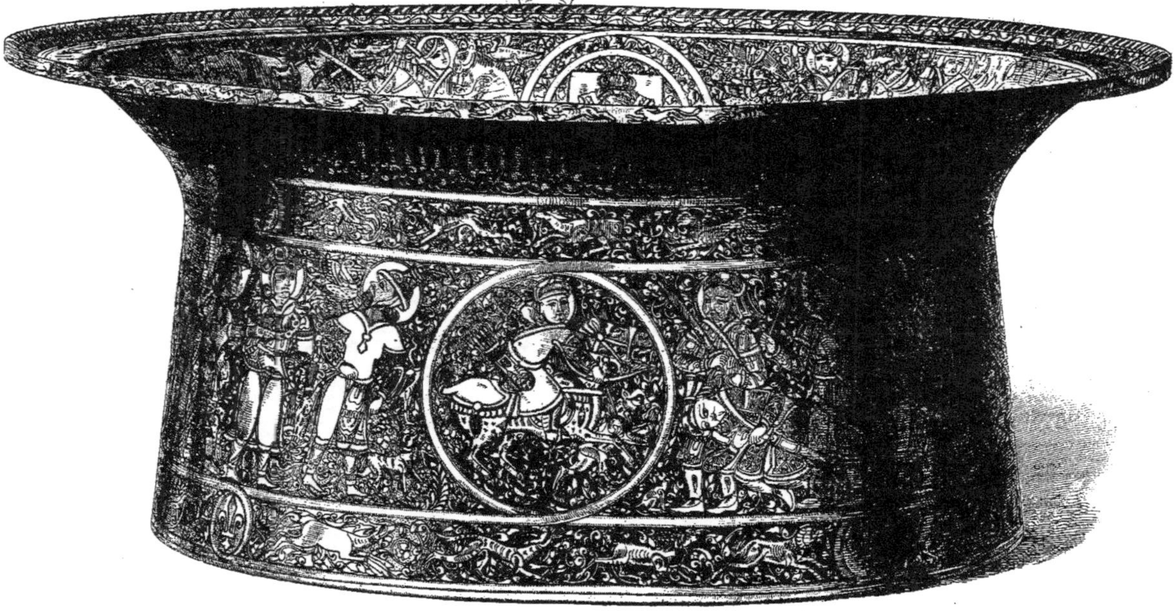

Pl. 48.

VASE ARABE.

Frises intérieures et extérieures.

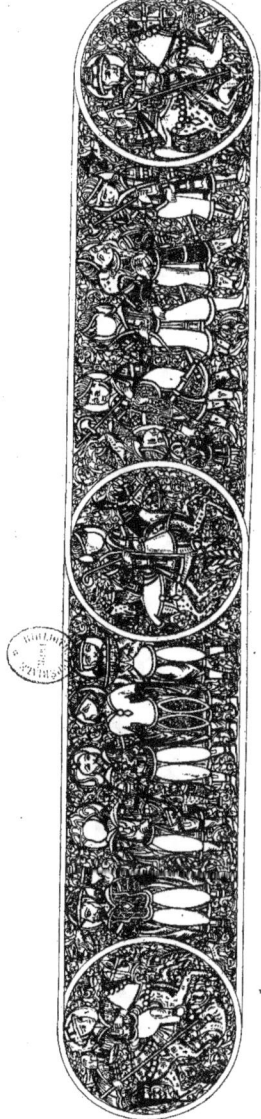

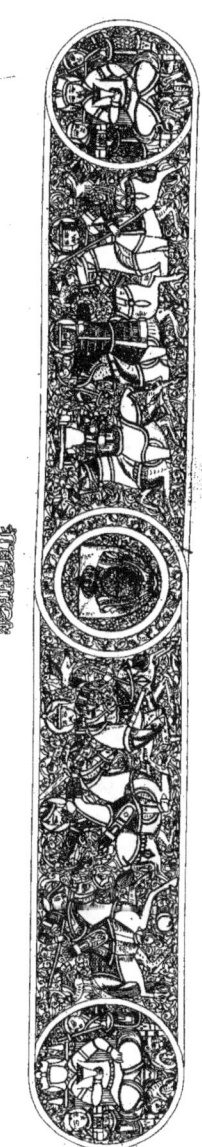

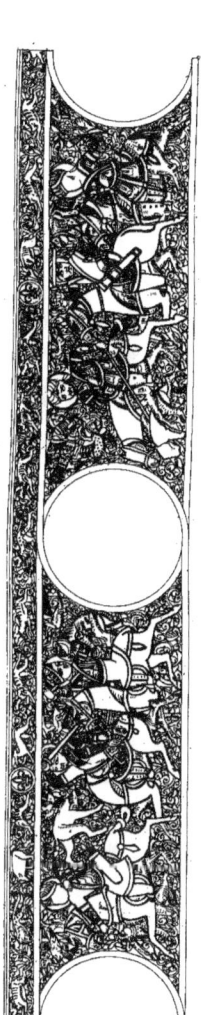

Imp. Bulthic, Paris

VASE ARABE

DIT BAPTISTÈRE DE SAINT LOUIS

Hauteur, ... 0ᵐ,223
Diamètre. 0ᵐ,50

(Musée des Souverains au Louvre.)

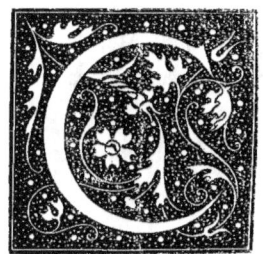

E magnifique bassin, un des plus beaux ouvrages que l'industrie arabe du moyen âge nous ait laissés, a été pendant longtemps conservé dans le trésor de la Sainte-Chapelle que Charles VI fit construire au milieu de l'enceinte du château de Vincennes. Si on le compare aux grandes monnaies de cuivre à figures, frappées par les princes musulmans de la Syrie & de la Mésopotamie, aux autres vases arabes, dont la date est connue, comme la coupe de la collection de M. le duc de Blacas, fabriquée à Mossoul en 1232, on peut admettre qu'il appartient à la première moitié du treizième siècle.

Voici ce qu'en dit Piganiol de la Force à l'article de Vincennes : « Dans le trésor, on voit des fonts qui, pendant longtemps, ont servi au bâtême des Enfants de France, & qui furent portés à Fontainebleau, pour le bâtême du dauphin, qui régna ensuite sous le nom de Louis XIII. C'est une espèce de cuvette qui fut faite, à ce qu'on dit, en 897, & qui est de cuivre rouge tout couvert de plaques d'argent, à personnages entaillés si artistement, que le cuivre ne s'en voit que comme par filets.[1] »

Sauf une date fausse, dont l'origine sera expliquée ci-après, le passage qui vient d'être transcrit n'offre rien de contraire aux bonnes

---

1. *Description de Paris, etc., et de toutes les autres belles maisons, etc.*, édit. de 1742, t. VIII, p. 43 ; édit. de 1765, t. IX, p. 508.

notions archéologiques. Mais voici ce qu'on trouve dans le dictionnaire d'Hurtaut & Magny :

« On conserve dans le trésor de la chapelle un bassin de cuivre rouge des Indes, en forme de casserole, qui a cinq pieds de circonférence, où sont des figures représentant des Persans & des Chinois. On y voit un roi sur une espèce d'estrade avec des gardes à côté, & cela y est deux fois : beaucoup de chasses de tigres, lions, léopards, en deux endroits quelques mots arabes qui regardent quelques familles de cette nation. Le bassin représente aussi plusieurs hommes en casques & boucliers; les figures sont ciselées dans le cuivre, & tout ce qui a été ciselé est rempli d'argent. Il est vraisemblable que ce bassin a servi aux purifications, qui étaient fréquentes chez les Orientaux, & qu'il a été apporté des croisades. Il a servi en France au baptême de quelques princes du sang. »

« Piganiol dit qu'il fut fait pour le baptême de Philippe-Auguste en 1166. Il sert encore au baptême dans cette chapelle, quand le cas y échoit.[1] »

En 1779, il n'était pas, comme on le voit, encore question de saint Louis. La Révolution va venir, & le temps presse[2].

Millin, qui avait certainement lu l'article du dictionnaire d'Hurtaut & Magny, bien qu'il n'en dise rien, & qui paraît n'avoir pas exactement connu le passage de Piganiol de la Force auquel il renvoie cependant en indiquant le volume & la page, s'exprime ainsi dans ses *Antiquités nationales* :

« Piganiol prétend que ce bassin fut fait pour le baptême de Philippe-Auguste, en 1166; l'opinion la plus commune est qu'il fut fait en 897, chez les Sarrasins. Il est plus naturel de penser que ce vase fut rapporté par saint Louis, dans une de ses premières croisades, & qu'il le donna à la Sainte-Chapelle de Vincennes. Le nom de baptistère de saint Louis sous lequel il est connu, & les chrétiens persécutés par les mahométans qu'on remarque dans les figures, fortifient cette conjecture; sans cela on pourrait donner à ce vase une antiquité plus reculée, & dire qu'il était au nombre des curiosités envoyées à Charlemagne par le calife Aaron Raschild (Haroun-er-Raschid),

1. *Dictionn. histor. de la ville de Paris et de ses environs*, 1779, t. IV, p. 835.

2. En 1730, le P. Montfaucon avait, dans ses *Monuments de la Monarchie française* (tome II, pl. XIX, n° 4), donné le dessin des fonts baptismaux de l'église Notre-Dame de Poissy, sur lesquels a été tenu saint Louis, en 1214.

dont plusieurs sont encore conservées dans le trésor de Saint-Denis & ailleurs.[1] »

Le 1er mai 1821, le bassin de Vincennes servit au baptême d'Henri d'Artois, duc de Bordeaux. Le ministre de la maison du roi fit placer sur le rebord intérieur deux écussons d'argent ciselés, contenant les armes de France. Le joaillier chargé de cette opération ne fut pas assez habile pour rétablir au fond de la coupe un certain nombre de petits poissons d'argent qui s'en étaient détachés. Il en fit don à un amateur d'antiquités, M. C.-J. Dassy, à Meaux.

Le 14 juin 1856, le bassin arabe fut porté du Louvre à l'église Notre-Dame pour le baptême du Prince impérial Napoléon-Eugène. Pendant la cérémonie, il demeura placé sur une table, en arrière du cardinal-légat officiant, le jeune prince ayant été ondoyé préalablement.

Ce beau monument d'art est signé; on y lit en caractères arabes *neskis* :

Fait par le maître Mohammed, fils d'ez Zéin, que (Dieu) *l'absolve.*

Zéin est un abrégé de *Zéin-ed-dine* (ornement de la religion), nom bien connu chez les musulmans. Si l'artiste, lorsqu'il écrivait son nom en plusieurs endroits, a supprimé le mot *dine* (religion), s'il a omis le nom de Dieu dans la formule précative, c'est vraisemblablement qu'il n'a pas voulu exposer des expressions sacrées à la profanation qui ne pouvait manquer de résulter de l'usage même d'un vase destiné à des ablutions de table. Cette opinion s'appuie sur l'observation d'une série de faits du même ordre.

ADRIEN DE LONGPÉRIER.

DESCRIPTION

E rebord intérieur nous montre deux médaillons représentant un prince assis les jambes croisées; il tient un verre à boire, sur lequel on lit : *Fait par Ibn ez Zéin.* A sa gauche, se voit un page qui porte une épée; à sa droite, un second page soutenant une écritoire en forme de coffret sur le devant duquel on lit دواة (écritoire). Dans un des deux groupes, le graveur a oublié un *alif*, & le mot nous apparaît sous la forme دوة. C'est là ce que les custodes de la Sainte-Chapelle ont pris pour la date 897; il est impossible d'en douter. Aux pieds du prince, sont couchés deux lions. Les attributs dont il est entouré indiquent sa force, sa vaillance & son talent pour la poésie, qualités qui, dans l'esprit des Orientaux, tiennent le premier rang.

1. *Antiquités nationales*, 1791, t. II, p. 62.

Le dossier du trône porte encore : *Fait par Ibn ez Zéin*. C'était un siége orné de damasquinures, & l'orfévre a tenu à le signer, tout comme les coupes sorties de son atelier qu'il reproduisait sur son grand bassin.

Entre les médaillons, sont dessinés, d'un côté, six guerriers à cheval, combattant à l'aide de lances, d'arcs, de masses d'armes; de l'autre, six cavaliers chassant des animaux féroces & des oiseaux. L'un d'eux porte en croupe une once apprivoisée : cela rappelle ce que l'empereur Frédéric II, grand amateur de chasse, & devenu quasi Oriental, écrivait des *leopardi qui sciant equitare*[1].

A l'extérieur, une belle frise contenant des personnages de dix centimètres de hauteur est divisée par quatre médaillons renfermant chacun un prince à cheval tuant un ours, un lion, un dragon à coups de lance ou de flèches. Ses officiers, ses serviteurs lui apportent des armes, des oiseaux de vol, une antilope tuée à la chasse, ou conduisent en laisse des chiens ou des léopards dressés. L'un d'entre eux présente une bouteille & une coupe en forme de calice sur laquelle on lit : *Fait par Ibn ez Zéin*. Un autre tient un grand plat qui nous offre cette curieuse inscription : *Moi, je me hâte d'apporter la nourriture,* انا مجفيز لحمل الطعام. A la vérité, deux personnages sont profondément inclinés devant le prince : l'un d'eux même est presque prosterné; mais ils sont armés d'épées & nimbés comme les autres, & si l'on peut trouver là une image sensible du respect qu'un souverain puissant devait inspirer soit à ses sujets, soit à des émirs voisins d'un rang moins élevé ou soumis par ses armes, il est impossible d'y reconnaître des chrétiens persécutés, ainsi que le voulait Millin.

La frise est comprise entre deux bandeaux chargés d'animaux qui se poursuivent. Ce système de décoration, qui remonte à la haute antiquité, est déjà signalé sur quelques monuments arabes[2].

Les deux lignes d'animaux sont coupées régulièrement par huit disques renfermant une fleur de lis qui paraît avoir été gravée après coup, & probablement en Europe. On aperçoit encore quelques traces, à peu près effacées, de nature à faire croire qu'on avait d'abord placé dans ces disques une étoile ou sceau de Salomon, motif d'ornementation très-fréquemment employé en Orient. Cette circonstance donne lieu de penser que les fleurs de lis ont été ajoutées chez nous au treizième siècle ou au quatorzième; car, du reste, ce symbole se remarque sur des monnaies arabes[3], & aurait pu appartenir à l'œuvre primitive de Mohammed Ibn ez Zéin.

Le vase de Vincennes, s'il n'a pas servi au baptême de 1214, ce qu'on doit conclure de l'absence de toute tradition sérieuse, ne s'en rattache pas moins à des faits historiques parfaitement avérés. Il peut soutenir sans désavantage la comparaison avec les plus excellents échantillons de la damasquinure arabe conservés dans le musée de Bologne, dans le cabinet de M. le duc de Blacas, & dans le *Tesoro di donna Olimpia* de la villa Pamphili. La grande dimension des nombreuses figures qui le décorent nous fournit le moyen d'étudier des détails de costumes, d'armures, d'ajustements de toutes sortes. Il mériterait un commentaire plus complet que celui qu'il nous est permis d'en donner aujourd'hui.

A. DE L.

1. V. *Rev. archéol.*, 1844, p. 538.
2. *Ibid.*, 1844, p. 544 — & 1846, p. 338.
3. *Marsden, Numismata orientalia,* t. I, pl. XVIII, n° 318.

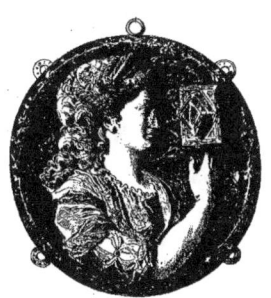

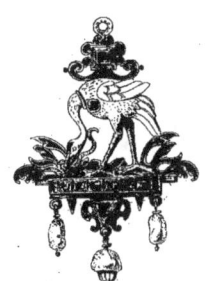 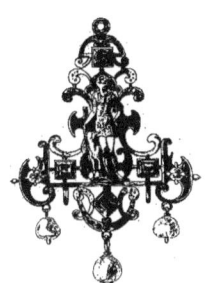

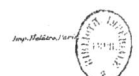

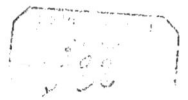

BIJOUX ITALIENS

XVIe SIÈCLE

Hauteur {
  N° 1 . . . . 0^m,055
  N° 2 . . . . 0^m,055
  N° 3 . . . . 0^m,054
}

(Collection de Mme la baronne James de Rothschild.)

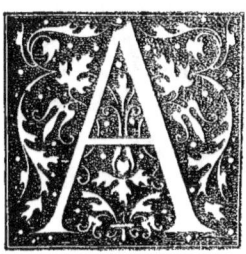

CEUX qui ignoreraient encore avec quel art les lapidaires & les joailliers italiens ont su tirer parti de la couleur des pierreries & des gemmes qu'ils mettaient en œuvre, on pourrait donner comme exemple de l'habileté de ces maîtres le médaillon que reproduit la planche 49. Il montre en saillie, sur un fond savamment décoré d'émail noir & d'arabesques d'or, un buste de femme taillé dans de la calcédoine, cette pierre onctueuse & douce au regard à propos de laquelle nos vieux écrivains ont débité tant de contes absurdes & charmants. Faut-il croire, comme le pensait au XIVe siècle l'auteur du *Propriétaire des choses*, que la calcédoine « est engendrée de la rousée ?... » Faut-il admettre, comme le disait sérieusement Robert de Berquen, en 1669, qu'elle « rend invincible celuy qui l'a sur soy, » à ce point que « Milon Crotoniate augmentoit, par ce moyen, ses forces surnaturelles ?... » Nous ne savons ; mais, sans nous occuper de l'origine de cette pierre & de ses vertus magiques, nous voyons qu'elle se laisse complaisamment tailler en creux & en relief & que l'artiste italien qui a exécuté le beau bijou que nous reproduisons a su, pour exprimer les carnations de ce buste de femme, utiliser ingénieusement les délicatesses satinées de la calcédoine & ses pâleurs rosées.

Les deux autres joyaux placés au-dessous du médaillon sont des pendants, analogues par le style & par l'exécution à ceux dont nous avons déjà donné la gravure. (Voir planches 11 & 23.) Il serait superflu d'en célébrer la parfaite élégance. Les artistes italiens du XVIᵉ siècle étaient, nous dit-on, de farouches lutteurs, vivant dans les querelles & la main constamment posée sur la poignée de leur dague; s'il en est ainsi, comment ont-ils eu le loisir de se complaire aux jeux difficiles de l'émail, du diamant & de l'or? Comment, étant si durs, ont-ils pu mettre dans leurs inventions tant de douceur patiente & tant de grâce?

PAUL MANTZ.

DESCRIPTION

Nº 1.

ÉDAILLON ovale, en or émaillé. Au centre, une femme représentée en buste et de profil. Elle tient à la main un miroir dont la glace est formée par un diamant. Les chairs sont en calcédoine, d'un blanc tirant sur le rose. Les cheveux & les vêtements sont en or ciselé & émaillé. Ce buste est appliqué sur un fond noir décoré d'arabesques finement réservées en or.

Nº 2.

Pendant en or émaillé. Ce bijou représente un héron dont le corps est revêtu d'émail blanc; les pattes & le bec sont en or. Un collier du même métal entoure son cou que décore un rubis enchâssé. L'animal marche au milieu d'herbages vert & or, & s'apprête à dévorer un serpent émaillé de vert. Une émeraude, sertie dans une monture carrée, forme le centre d'un ornement découpé qui est placé sur le dos du héron. Le bijou a pour support une étroite bande ornée de six rubis & à laquelle sont attachées une émeraude à peu près triangulaire & trois perles pendantes.

Nº 3.

Pendant en or émaillé. Un jeune homme debout, posant sa main gauche sur sa hanche & la main droite sur la tête d'un grand lévrier. Il est vêtu d'une tunique bleue à franges dorées; ses cheveux sont d'or; les chairs sont émaillées de blanc.

Cette figurine se détache en relief sur un ornement en or symétriquement découpé & recouvert d'émail rouge, noir, blanc & bleu; deux rubis sont placés l'un au-dessus de sa tête, l'autre sous ses pieds; de chaque côté sont des émeraudes. Trois perles suspendues complètent ce charmant bijou.

P. M.

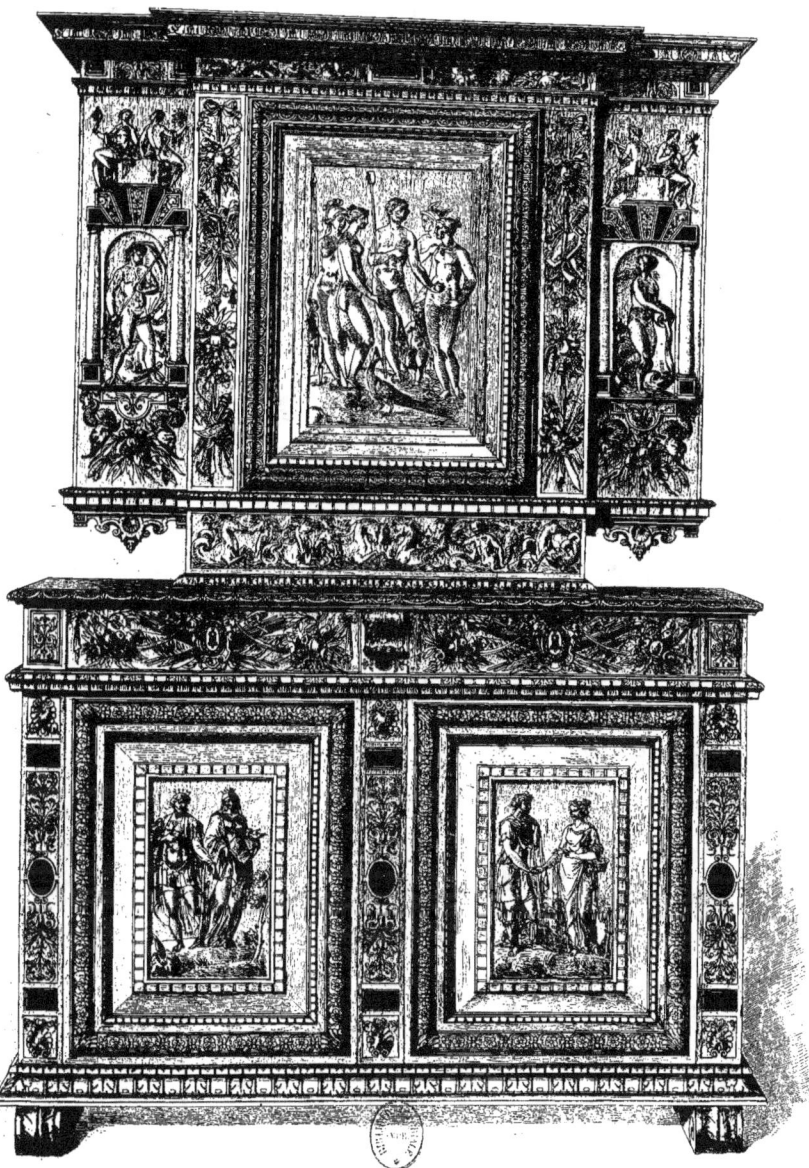

MEUBLE

TRAVAIL FRANÇAIS DU XVIᵉ SIÈCLE

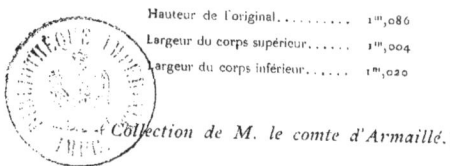

Hauteur de l'original.......... 1ᵐ,086

Largeur du corps supérieur...... 1ᵐ,004

Largeur du corps inférieur...... 1ᵐ,020

(Collection de M. le comte d'Armaillé.)

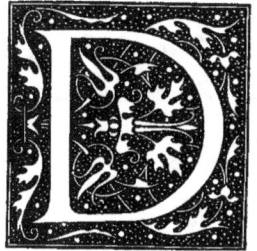 EPUIS l'arrivée des peintres que François Iᵉʳ appela
à Fontainebleau en 1530, les meubles emprun-
tèrent leurs formes & leurs ornements aux écoles
d'Italie, & les ouvriers puisèrent leurs inspira-
tions dans les dessins & les gravures des maîtres
célèbres de l'époque. Le Primatice, le Rosso, Nicolo
dell'Abbate, ont fourni de nombreux modèles,
qui se trouvent encore dans les collections; René Boyvin, Ducerceau, Hugues
Sambin ont été également les guides de ces modestes sculpteurs dont les
noms sont inconnus aujourd'hui. Les meubles en forme de crédences ou
de monuments surmontés de frontons, pour lesquels le bois de noyer a été
employé de préférence, sont très-communs en France & très-rares en Italie.
Il y a encore, à Florence & à Sienne, beaucoup de meubles ressemblant à
des sarcophages, dont les supports sont en général sculptés, & dont les
panneaux sont ornés de peintures. Quelques-uns de ces meubles, que les
Italiens nomment *cassoni,* datent du XIVᵉ siècle. Dans la vie de Dello, peintre
florentin du XVᵉ siècle, Vasari parle longuement de ces meubles, dans la
décoration desquels cet artiste avait excellé : il s'en trouvait encore, de son
temps, dans les palais du grand-duc & des patriciens de Florence. Destinés à
renfermer les vêtements d'apparat & les objets précieux, ils étaient décorés
de sujets de chasse ou d'amour, d'épisodes empruntés aux métamorphoses
d'Ovide & aux histoires de la Grèce ou de Rome.

COMTE D'ARMAILLÉ.

DESCRIPTION

 E meuble est en bois de noyer & à deux corps. Sur le panneau central du haut, le jugement de Pâris est encadré par des frises formées de trophées & de fruits. De chaque côté, qui s'ouvre en volet, est une niche, surmontée d'un groupe de deux femmes assises, & dans cette niche se trouve une figure nue, debout : à droite, Amphitrite; à gauche, Neptune. Ces deux figures sont gravées par Jacques Bink, dans l'œuvre du Rosso.

La frise qui sépare les deux corps est une imitation libre du combat des Tritons par A. Mantegna. Sur les vantaux du corps inférieur on voit, d'un côté, un roi & une reine debout; de l'autre, un jeune homme & une jeune femme, près d'un troupeau & se tenant par la main. L'artiste a probablement voulu représenter, sur le premier de ces vantaux, Hélène & Ménélas, & sur l'autre, cette même Hélène & le berger Pâris.

Tous les détails de ce meuble offrent une rare perfection. Les ornements, en pâte incrustée, qui en décorent certaines parties, sont d'une grande délicatesse, & tout le meuble se recommande par son admirable conservation.

C. D.

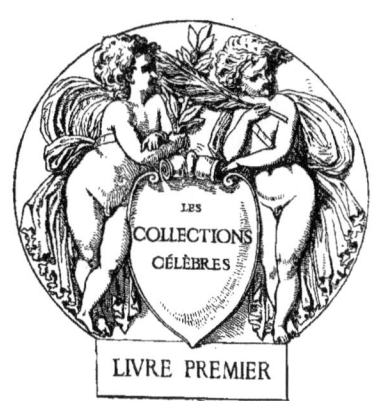

LIVRE PREMIER

INDEX

POUR LE CLASSEMENT

ARMES — ARMURES — OBJETS D'ÉQUIPEMENT

INDEX

INDEX

ÉMAUX

INDEX

ORFÉVRERIE

VERRERIE

DIVERS

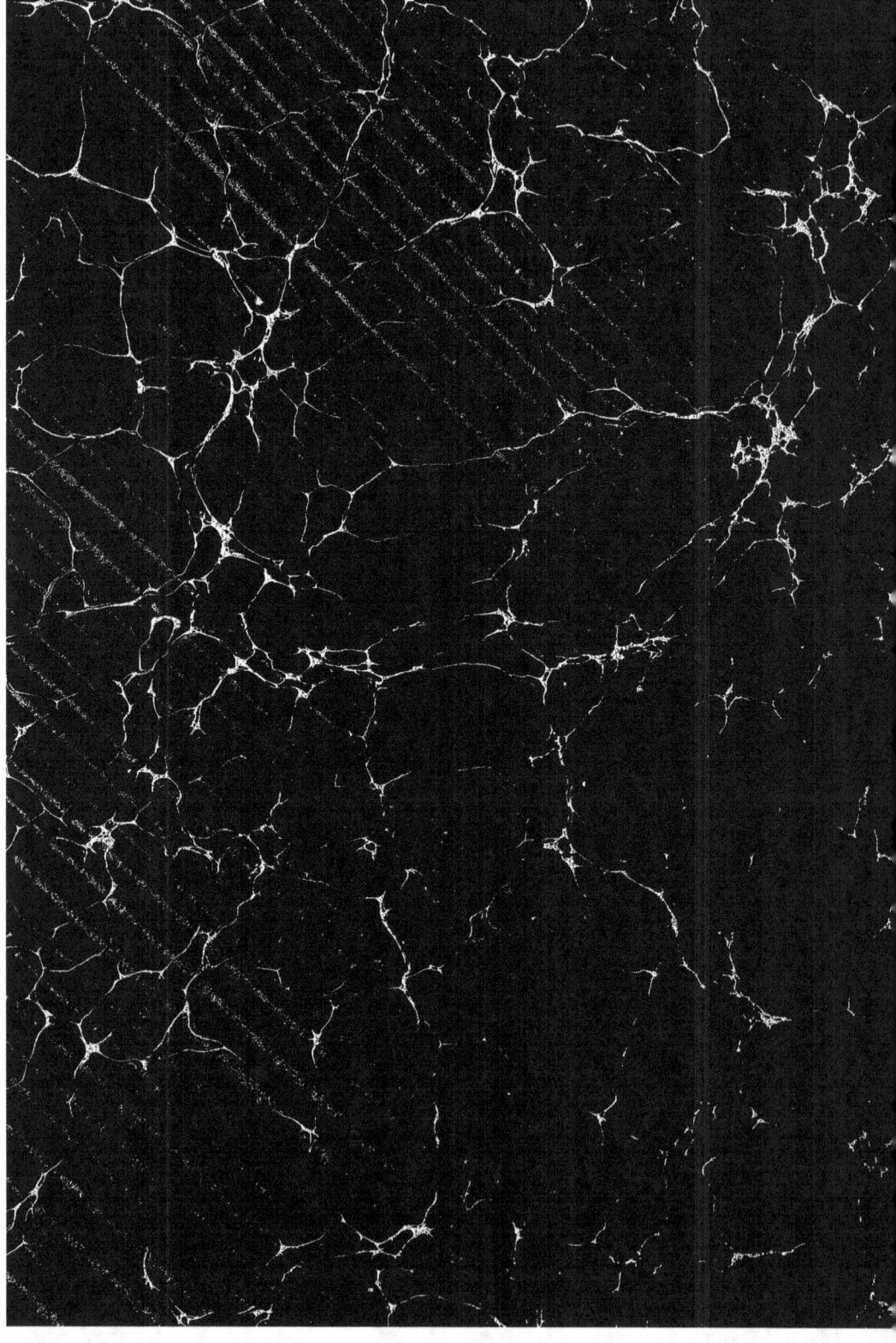